dtv

W0039127

Das Streben nach Glück ist so alt wie die Menschheit – wer wollte das nicht: glücklich sein? Aber gibt es bestimmte Glückskriterien, die für uns alle gelten, einen gemeinsamen Glücksnenner, der zur Erfüllung führen kann? Inwieweit hängt unser Glück von unserer Veranlagung, unserer »genetischen Disposition«, von äußeren Umständen, ja vielleicht sogar von einer »glücklichen Fügung« ab? Kann uns etwa ein Lottogewinn restlos glücklich machen oder geht es beim Glücksempfinden letzlich um eine innere Haltung, um unseren Blick auf die Dinge?

Dieses Buch liefert eine bunte Palette von Glücksangeboten – von antiken Philosophen wie Sokrates oder Epikur über die moderne Glücksforschung bis hin zu praktischen Ratschlägen und Übungen, die Sie im Alltag umsetzen können. Lassen Sie sich inspirieren und entscheiden Sie dann selbst, welche Zutaten zu Ihrem ganz persönlichen Glücksrezept gehören sollen. Willkommen auf einer Reise in die Welt des Glücks!

Bettina Lemke lebt als Übersetzerin und freie Lektorin im Süden Münchens und verbringt regelmäßig Auszeiten in ihrer zweiten Heimat Irland. Beim dtv ist von ihr ›Der kleine Taschenbuddhist‹ erschienen, außerdem hat sie die beiden Bücher von Khalil Gibran ›Der Traum des Propheten‹ und ›Der Gesang des Propheten‹ herausgegeben.

Bettina Lemke

Der kleine Glücksberater

Deutscher Taschenbuch Verlag

Dieses Buch enthält einige traditionelle Meditationsübun-
gen, die von Meditations- und Weisheitslehrern weiterge-
geben wurden. Grundsätzlich ist es ratsam, sich von einem
erfahrenen Lehrer in die Meditation einweisen zu lassen.
Die Autorin und der Verlag übernehmen keine Haftung für
Schäden, die sich aus der Anwendung der in diesem Buch
vorgestellten Übungen und Empfehlungen ergeben.

**Ausführliche Informationen über
unsere Autoren und Bücher
finden Sie auf unserer Website
www.dtv.de**

Originalausgabe 2011
© Deutscher Taschenbuch Verlag GmbH & Co. KG,
München
Das Werk ist urheberrechtlich geschützt. Sämtliche,
auch auszugsweise Verwertungen bleiben vorbehalten.
Umschlagkonzept: Balk & Brumshagen
Umschlagbild: Gerhard Glück
Satz: Bernd Schumacher
Druck und Bindung: Druckerei C. H. Beck, Nördlingen
Gedruckt auf säurefreiem, chlorfrei gebleichtem Papier
Printed in Germany · ISBN 978-3-423-34663-4

Inhalt

*Meinen Eltern
in Liebe und Dankbarkeit*

Gruß an die Morgendämmerung

Sieh diesen Tag!
Denn er ist Leben, ja das Leben selbst.
In seinem kurzen Lauf
Liegt alle Wahrheit, alles Wesen deines Seins:
Die Seligkeit zu wachsen,
Die Freude zu handeln,
Die Pracht der Schönheit,
Denn gestern ist nur noch ein Traum,
Und morgen ist nur ein Bild der Fantasie,
Doch heute, richtig gelebt, verwandelt
jedes Gestern
In einen glückseligen Traum
Und jedes Morgen in ein Bild der Hoffnung.

So sieh denn diesen Tag genau!
Das ist der Gruß der Morgendämmerung.

KALIDASA (INDISCHER DRAMATIKER)

Auf den Spuren des Glücks

*Wenn wir einen dunklen Raum betreten
und das Licht anmachen, spielt es keine Rolle,
ob der Raum einen Tag, eine Woche oder
zehntausend Jahre lang dunkel war – wir
schalten das Licht an und er ist erleuchtet.
Sobald wir mit unserem Potenzial zu lieben
und glücklich zu sein, Verbindung auf-
nehmen, wird es hell.*

SHARON SALZBERG

Bereits Thomas von Aquin hat gesagt »Das letzte Ziel des Menschen ist das Glück«. Doch eine allein selig machende, universelle Glücksformel kann und wird es wohl nie geben. Gerade in unserer heutigen modernen, individualistisch geprägten Gesellschaft dürften Glück und Erfüllung für jeden etwas anderes bedeuten. Gemeinsam ist uns allen sicherlich, dass wir uns zutiefst nach Glück und Zufriedenheit sehnen. Aber gibt es bestimmte Glückskriterien, die für uns alle gelten, einen gemeinsamen Glücksnenner, der zur Erfüllung führen kann? Inwieweit hängt unser Glück von unserer Veranlagung, unserer »genetischen Disposition«, und von äußeren Umständen, ja vielleicht sogar von einer

»glücklichen Fügung« ab? Kann Geld uns doch glücklich machen oder geht es beim Glücksempfinden letztlich um eine innere Haltung?

Dieses Buch möchte kein einfaches Glückspatent liefern, sondern vielmehr eine bunte Palette von Glücksangeboten aus Philosophie, Psychologie und Lebenshilfe präsentieren. So werden Sie hier einigen antiken Philosophen begegnen ebenso wie neueren Denkern oder modernen Glücksforschern. Lassen Sie sich ein bisschen treiben und von der einen oder anderen Anregung, die Ihrer persönlichen Glücksvorstellung am meisten entspricht, inspirieren – so als würden Sie hie und da kleine Glückshäppchen finden. Neben verschiedenen Glückstheorien enthält der *Der kleine Glücksberater* einige konkrete Ratschläge und praktische Übungen, die Sie im Alltag umsetzen können, sowie zwei Glückstests, die es Ihnen ermöglichen, Ihr eigenes Glücksniveau zu ermitteln.

Die Auswahl der Denker und Forscher, die sich über das Glück geäußert haben, sowie der praktischen Übungen in diesem Buch musste bei der Fülle des Materials, das es zum Thema gibt, in gewisser Weise nach dem »Glücksprinzip« erfolgen. So habe auch ich mich beim Schreiben und Zusammenstellen der Texte ein wenig treiben lassen, verweilte mal bei diesem Denker, mal bei jenem und wählte schließlich die Dinge aus, die mich im jeweiligen Moment am meisten ansprachen, inspirierten und faszinierten oder neugierig machten.

Und nun wünsche ich Ihnen viel Spaß auf unserer kleinen Reise in die Welt des Glücks.

Das Wort Glück

Es ist eins von den Wörtern, die ich immer geliebt und gern gehört habe. Mochte man über seine Bedeutung noch so viel streiten und räsonieren können, auf jeden Fall bedeutete es etwas Schönes, etwas Gutes und Wünschenswertes. Und dem entsprechend fand ich den Klang des Wortes.

Ich fand, dieses Wort habe trotz seiner Kürze etwas erstaunlich Schweres und Volles, etwas, was an Gold erinnerte, und richtig war ihm außer der Fülle und Vollwichtigkeit auch der Glanz eigen, wie der Blitz in der Wolke wohnte er in der kurzen Silbe, die so schmelzend und lächelnd mit dem GL begann, im Ü so lachend ruhte und so kurz, und im CK so knapp endete. Es war ein Wort zum Lachen und zum Weinen, ein Wort voll Urzauber und Sinnlichkeit; es war eins und rund, war vollkommen, es kam aus dem Himmel oder aus der Erde wie Sonnenlicht oder Blumenblick. Wie gut, wie glücklich, wie tröstlich, dass es solche Wörter gab! Ohne sie zu leben und zu denken, wäre Welke und Verödung, wäre wie Leben ohne Brot und Wein, ohne Lachen ohne Musik.

HERMANN HESSE

Von Glück und Unglück

*Auch das glücklichste Leben ist nicht ohne
ein gewisses Maß an Dunkelheit denkbar,
und das Wort Glück würde seine Bedeutung
verlieren, hätte es nicht seinen Widerpart in
der Traurigkeit.*

CARL GUSTAV JUNG

Ich wünsche jedem Menschen auf dieser Welt tiefes und dauerhaftes Glück. Dazu gehören nach meiner Glücksvorstellung Liebe, innere Gelassenheit, Heiterkeit, Freude, möglichst wenig körperliches Leid sowie Erfüllung in vielen Bereichen – um nur ein paar der Aspekte zu nennen. Aber es gibt auch eine Kehrseite der Medaille Glück. Auf ihr finden sich Gefühle wie Traurigkeit, Zweifel, Unlust, Ärger, Sorge und manches andere mehr, das vom Glück weit entfernt zu sein scheint. Und doch gehören all diese Dinge unabdingbar dazu. Denn nur wenn wir akzeptieren, dass auch das Unglück Teil des Menschseins ist, können wir das Glück, das wir erleben, erkennen und in vollen Zügen genießen.

Obwohl uns in vielen Fällen gerade schwierige Situationen, die uns fordern, ein Stück auf unserem Weg der persönlichen Entwicklung weiterbringen, zwingt uns die

Glücksideologie der modernen Gesellschaft manchmal fast dazu, glücklich zu sein oder zumindest so zu wirken. Dieses »Glück« ist allerdings in vielen Fällen nur ein oberflächliches. Es geht hier eher darum, ständig »gut drauf« zu sein. Damit will und soll man signalisieren, dass man mit den Anforderungen des Lebens gut fertig wird, alles »im Griff« hat und den Erfolg quasi auf Dauer für sich gebucht hat. Ist man bedrückt und lässt sich das auch noch anmerken, wird das häufig schon als Scheitern gewertet. Es ist allzu oft einfach »nicht angesagt«.

Der Psychoanalytiker und Philosoph Erich Fromm hat das in einem Interview einmal sehr treffend auf den Punkt gebracht:

Die meisten Menschen geben vor, (...) dass sie glücklich sind, weil man nämlich, wenn man unglücklich ist (...) ein Misserfolg ist. So muss man also die Maske des Zufriedenseins, des Glücklichseins tragen, denn sonst verliert man den Kredit auf dem Markt, dann ist man ja kein normaler Mensch, kein tüchtiger Mensch. Aber Sie müssen sich doch nur die Menschen ansehen. Man muss doch nur sehen, wie hinter der Maske eine Unruhe, Gereiztheit, Ärger, Depressionen, Schlaflosigkeit, Unglücklichsein – das, was die Franzosen Malaise genannt haben – liegt (...). Das, was Freud das »Unbehagen in der

Kultur« genannt hat. Aber es ist gar nicht das
Unbehagen in der Kultur. Es ist das Unbe-
hagen in der bürgerlichen Gesellschaft, die
den Menschen zum Arbeitstier macht (...).
Ich glaube, es ist eine allgemeine Fiktion, die
die Menschen miteinander teilen, dass der
moderne Mensch glücklich sei.

Auch der Philosoph Wilhelm Schmid zeigt, dass die Menschen heute unter dem Anspruch leiden, nach außen hin
glücklich sein zu müssen. Er vertritt die Haltung, dass es
gute *und* schlechte Tage geben muss und wir nur dann wirklich glücklich sein können, wenn wir diese Wahrheit verin-
nerlichen und uns von dem künstlichen Zwang befreien,
den wir uns selbst auferlegt haben.

Ich halte am meisten von einem Glück der
Fülle, das der Polarität des Lebens Rechnung
trägt, also die positiven und negativen Seiten
des Lebens umfasst. Heute allerdings ori-
entiert man sich eher am »Wohlfühlglück«.
Das Wohlfühlglück ist freilich abhängig von
einzelnen Momenten, nichts von Dauer (...).
Es liegt am Leben selbst, dass es zwischen
Positivität und Negativität schwankt (...). Das
Dumme am modernen Glücksbegriff ist, dass
er das Negative ausschließt. Dieser Glücksbe-

griff macht die Menschen systematisch un-
glücklich – und das beunruhigt mich. (...) Erst
wenn ich begreife, dass zum Positiven immer
auch Negatives gehört, muss ich nicht mehr
den Eindruck haben, dass ich aus dem Leben
herausfalle, wenn es momentan keinen Spaß
macht, vielleicht sogar Schmerz bereitet. Und
aus der Kontrasterfahrung kommt erst die
Fähigkeit zu wirklichem Genuss.

Lassen wir uns also nicht von den Glücks*geboten* unserer Zeit beeindrucken, sondern stehen wir zu unseren Launen, unserer zeitweiligen Verstimmtheit, unseren Sorgen und Zweifeln, zur »Polarität des Lebens«. Ich für meinen Teil möchte meine melancholischen Momente jedenfalls nicht missen – ich erlebe dabei eine Tiefe, die ich in meinen heiteren Glücksmomenten nur äußerst selten erfahre.

Wenn ich Ihnen in diesem Buch also Anregungen für das Glück vorstelle, dann sollten Sie diese stets vor dem Hintergrund betrachten, dass jede Gefühlslage ihre Berechtigung hat und wir viele positive Erfahrungen weit intensiver wahrnehmen können, wenn wir die Kehrseite des Lebens ebenfalls zulassen.

*Wenn wir all unser Unglück auf einen ge-
meinsamen Haufen legten und dann jeder
davon einen gleich großen Teil wieder an
sich nehmen müsste, so würden die meisten
Menschen zufrieden ihr eigenes Unglück
zurücknehmen und davongehen.*

SOKRATES

Sokrates – Das eigene Gewissen als Wegweiser zum Glück

Sokrates (ca. 469–399 v. Chr.) war davon überzeugt, dass es allgemeingültige Maßstäbe für das tugendhafte Handeln gibt, die auf Erkenntnis und Wissen beruhen. Mittels der Vernunft kann ihm zufolge jeder die ewigen, unveränderlichen Normen erkennen und mit ihrer Hilfe das Glück erreichen – egal welchen gesellschaftlichen Status er hat. Wie andere antike Philosophen verwendet auch Sokrates den Glücksbegriff der »Eudaimonie« (*Eu* = gut; *Daimon* = Dämon, Geist). Demnach können Menschen zum Glück gelangen, wenn sie einen guten Daimon haben, einen Geist beziehungsweise eine mahnende Stimme des Gewissens, die sie zu einer rechtschaffenen Lebensführung, geprägt von tugendhaftem Verhalten, anleitet Gut gesinnt ist der Daimon wiederum denjenigen, die rechtschaffen handeln. Das eine bedingt also das andere. Verhält sich der Mensch tugendhaft, hat er einen wohlwollenden Daimon und ist somit glücklich.

Nach Sokrates ist der Daimon eine Instanz, die sich nur dann meldet, wenn die Absicht oder das Handeln eines Menschen in eine falsche Richtung führt, der Tugendhaftigkeit also nicht mehr entspricht. Er ist sozusagen wie eine innere Stimme, die uns warnt, falls wir Gefahr laufen, vom rechten Weg abzukommen und unser Glück zu verfehlen. Lassen wir uns von dieser Stimme leiten und hören auf unser Gewissen, das sich als kritische Instanz im Laufe unseres Lebens entwickelt und uns bei all unseren Entscheidungen unterstützt, können wir ziemlich beruhigt sein. Denn wenn wir nicht von Zweifeln oder Gewissensbissen geplagt werden, sondern im Gegenteil im Einklang mit uns selbst und von der Richtigkeit unseres Tuns und Wollens überzeugt sind, können wir eine große innere Zufriedenheit, ja sogar Glücksgefühle erleben.

Der Ansatz Sokrates' kann uns nach wie vor als Leitfaden für richtiges und »glückliches« Handeln dienen. Tun wir nämlich etwas, das unserer tiefen ethischen Überzeugung widerspricht, stürzen wir uns in einen inneren Konflikt; wir stören sozusagen unsere »gute Beziehung zur eigenen Seele«, wie es Anselm Grün einmal so treffend formuliert hat. Damit geraten wir in eine Zerrissenheit, die uns aus der Balance bringen kann.

Wir sollten uns bei unseren Entscheidungen nicht von den Urteilen fremder Autoritäten wie etwa Staat und Kirche oder von den Meinungen anderer Menschen abhängig machen, sondern mithilfe der eigenen Vernunft und Urteilsfähigkeit unserer eigenen Überzeugung verpflichtet bleiben. Ob es dabei notwendig ist, so weit zu gehen wie Sokrates, sei dahingestellt. Er vertrat seine Vorstellung vom tugendhaften Handeln nämlich überaus konsequent. Nach seiner Auffassung sollte man eher in Kauf nehmen, dass einem Unrecht widerfährt, als dass man selbst unrecht handelt. So weigerte sich zum Beispiel der Philosoph, der wegen Gottlosigkeit und seines angeblich verderblichen Einflusses auf die Jugend angeklagt war und zum Tode durch den Schierlingsbecher verurteilt wurde, aus dem Gefängnis zu fliehen. Er wusste zwar, dass seine Richter im Unrecht waren, wollte sich aber nicht selbst eines Unrechts schuldig machen, indem er floh, und nahm so das Urteil gelassen hin.

Aus seiner Verteidigungsrede während des Prozesses ist das folgende Zitat überliefert:

»Nun aber ist es Zeit fortzugehen, für mich, um zu sterben, für euch, um zu leben: Wer aber von uns dem besseren Los entgegengeht, das ist allen verborgen, außer Gott.«

Die Weltdatenbank des Glücks

Moderne Glücksforscher versuchen der Frage auf den Grund zu gehen, warum manche Menschen glücklicher sind als andere. Fest steht, dass viele unterschiedliche Aspekte dazu beitragen, wie glücklich jemand ist.

Der Soziologieprofessor Ruut Veenhoven von der Erasmus-Universität in Rotterdam hat eine Glücksdatenbank, die *World Database of Happiness*, erstellt, in der Tausende von Studien und Umfragen über das Glück versammelt sind (Internetadresse: http://worlddatabaseofhappiness.eur.nl). Unter anderem finden sich hier Studien, die zeigen, welche Faktoren sich positiv beziehungsweise negativ auf das subjektive Glücksgefühl von Menschen auswirken. Hier ein paar interessante, zum Teil überraschende Ergebnisse:

- Verheiratete Menschen sind der Statistik zufolge glücklicher als unverheiratete. Untermauert wird dies zusätzlich durch die Tatsache, dass verheiratete Männer sieben Jahre länger leben als unverheiratete; bei Frauen beträgt die längere Lebenserwartung circa vier Jahre, wenn sie verheiratet sind.

- Kinder zu haben macht nicht glücklicher. Der Mythos vom großen Glück der Eltern hält sich in unserer Gesellschaft zwar nach wie vor, aber die Wissenschaft belegt das Gegenteil. Dem positiven Glücksempfinden stehen häufig die Belastungen und Freiheitseinschränkungen gegenüber, die für die Eltern entstehen, solange die Kinder noch unselbständig sind. Kinderlose Paare sind daher in der Regel glücklicher als Eltern vor allem mit kleinen Kindern.

- Körperliche Attraktivität fördert das eigene Glücksempfinden kaum. Daher lässt sich festhalten: Schöne Menschen sind ähnlich glücklich wie unattraktive.

- Eine große Rolle spielt hingegen das genetisch bedingte persönliche Glückspotenzial. Wissenschaftler vermuten, dass die Gene mit einem Anteil von bis zu 50 Prozent für das eigene Glücksempfinden verantwortlich sind. Es gibt sie also tatsächlich, die Frohnaturen unter uns, die fast immer gut gelaunt sind. Sollten Sie nicht zu dieser Gruppe von Menschen gehören, müssen Sie deshalb aber nicht verzweifeln. Es gibt zahlreiche Glücksfaktoren, auf die Sie Einfluss haben.

- Glückliche Menschen leben länger. Sie leiden seltener unter Erkältungskrankheiten, Kreislauferkrankungen, Bluthochdruck und Infektionen als unglückliche. Glück hat eine ähnlich positive Wirkung auf gesunde Menschen wie das Nichtrauchen: Glückliche Menschen leben sieben bis zehn Jahre länger als unglückliche.

*Den Guten nenne ich glücklich. Wer aber
Unrecht tut, den nenne ich unglücklich.*

PLATON

Platon – Glücklich ist, wer gerecht lebt

Nach Platon (427–347 v. Chr.), der bekanntlich ein Schüler von Sokrates war, basiert ein glückliches Leben auf der Erkenntnis dass das Gute und das Gerechte zusammengehören. Wer gerecht lebt – das heißt, wer sein Leben an einer gerechter Ordnung ausrichtet –, verhält sich gleichzeitig gut und ist somit glücklich. Daraus folgt im Umkehrschluss, dass ein Mensch, der sich ungerecht verhält, also Schlechtes tut, kein glückliches Leben führen kann. Gerecht zu sein ist die höchste Tugend und gehört zu den schönsten Dingen, die man anstreben kann, um glücklich zu werden. Platon entwickelt – im Gegensatz zu Sokrates – darüber hinaus einige konkrete Kriterien, wie ein gerechtes Verhalten zu erreichen ist. Eine Voraussetzung dafür ist, dass die Seele – der Bereich aller geistigen Kräfte und Gefühle – gesund ist. Hier befindet sich der Sitz der Vernunft, des Willens und der Leidenschaften. Es gilt nun, diese drei Elemente in eine gerechte Ordnung zu bringen. Sie lässt sich herstellen, wenn die Leidenschaften mithilfe des Willens durch die Vernunft regiert werden. Bilden die drei Elemente eine harmonische Einheit, entwickelt sich das Individuum zu einem rechtschaffenen und damit glücklichen Menschen. Platon ist dabei keineswegs lustfeindlich. Lust und Genuss haben bei ihm durchaus ihre Berechtigung. Bleiben sie aber völlig ungezügelt und sind

Vernunft und Leidenschaften unausgewogen, führt das in eine falsche Richtung. In seinem Dialog *Philebos* schreibt er: »So haben wir nun wie zwei Weinschnecken zwei Quellen vor uns stehen, der Süßigkeit des Honigs könnte man die der Lust vergleichen, die ganz nüchterne und unberauschende der Einsicht aber einem strengen und gesunden Wasser, welche beiden wir nun versuchen müssen, aufs Beste untereinander zu mischen.« Die Vernunft hat allerdings als höhere Instanz letztlich Vorrang gegenüber den Leidenschaften. Sie entscheidet, was angemessen ist. »Sich selbst zum Glück tauglich zu machen«, schreibt die Philosophin Annemarie Pieper, »heißt für Platon: den Anforderungen der Vernunft Folge zu leisten. Wer vernünftig handelt, ist besonnen, ja weise. ›Die Weisheit macht, dass die Menschen in allen Dingen Glück haben.‹ Die Weisheit ist das größte aller Güter, denn sie allein vermittelt das Wissen, worin des Menschen Glück besteht.«

Glückszutaten

Zahlreiche Glücksfaktoren sind der Wissenschaft mittlerweile bekannt. Doch wenn sich einzelne Kriterien für das Glück bestimmen lassen, ist es dann möglich, einen eindeutigen Schlüssel zum Glück zu ermitteln? Dem Glücksforscher Ed Diener zufolge gibt es keinen magischen Schlüssel, der uns zum Glück führt. Vielmehr besteht das persönliche Glück aus einem individuellen Glücksrezept, das sich aus vielfältigen verschiedenen Zutaten zusammensetzt. Jeder Einzelne hat die Aufgabe, dieses Rezept, seine individuelle Glücksmischung, zu erkennen. Sobald er einige Zutaten entdeckt hat, sollte er sich darum bemühen, möglichst viele Glücksfaktoren umzusetzen.

Die meisten modernen Glücksforscher sind sich einig über die Zutaten, die für das Glück eine maßgebliche Rolle spielen: Neben der Pflege guter sozialer Beziehungen ist es sehr wichtig, einen Sinn im Leben zu erkennen, den man zum Beispiel aus der Religion oder einer Lebensphilosophie beziehen kann. Man sollte Ziele haben, für die man sich motiviert einsetzt, und Träume verwirklichen. Und man sollte erfüllende Tätigkeiten ausüben, in denen man aufgeht. Wenn man so konzentriert auf etwas ist, dass man nahezu alles um sich herum vergisst, kommt man in einen Flowzustand und kann dabei eine Glückserfahrung machen, wie sie Mihaly Csikszentmihalyi beschrieben hat. Weitere wichtige Aspekte sind Dankbarkeit, Optimismus, Kreativität, Selbstvertrauen, Achtsamkeit und Hilfsbereitschaft sowie ein gesunder Ausgleich zwischen Anspannung und Entspannung, Arbeit und Freizeit, Zeit für andere und Zeit für sich selbst. Außerdem sollte man sich natürlich um sein eigenes körperliches Wohl kümmern – Sport und gute Ernährung sind hier die Stichwörter.

All diese Dinge und natürlich noch viele andere mehr können Quellen der Freude und des Glücks sein. In den folgenden Kapiteln werden wir einige davon genauer beleuchten.

Der Energieschub für zwischendurch – Die Lächelmeditation

Die folgende Übung habe ich bereits in meinem Buch ›Der kleine Taschenbuddhist‹ vorgestellt. Sie ist so einfach und überzeugend, dass ich sie immer wieder gerne selbst anwerde und weiterempfehle. Und sie ist für all diejenigen geeignet, die wenig Zeit haben oder nicht unbedingt tiefer in die Meditationspraxis einsteigen wollen. Sie lässt sich in nur einer Minute an vielen Orten durchführen, ob im Büro, zu Hause, im Bus oder auf einer Parkbank.

Immer wenn Sie einen kleinen Energieschub benötigen, wenn es mal wieder hektisch zugeht oder Sie sich über irgendetwas geärgert haben, hilft es, sich für einen kurzen Moment aus dem Alltag auszuklinken, um sich neu zu sammeln und positiv aufzuladen. So schaffen Sie sich einen kleinen Glücksmoment, für den Sie nichts weiter brauchen als den Entschluss, die Meditation durchzuführen – und eine Minute Zeit.

Setzen Sie sich locker und aufrecht auf einen Stuhl. Die Füße stehen etwas auseinander, aber fest auf dem Boden. Die Hände liegen auf den Oberschenkeln nach oben geöffnet. Die Schultern sind entspannt.

Schließen Sie die Augen.

Atmen Sie nun tief in Ihren Bauch hinein ... und wieder

aus. Spüren Sie dabei, wie sich Ihre Bauchdecke hebt und senkt.

Atmen Sie erneut tief ein ... und wieder aus ... Und mit dem nächsten Einatmen ... lächeln Sie.

Halten Sie Ihr Lächeln, während Sie wieder ausatmen. Und halten Sie es auch weiter, während Sie wieder einatmen ... und ausatmen ...

Und ein letztes Mal – einatmen und wieder ausatmen.

Öffnen Sie nun die Augen und lächeln Sie sich und der Welt weiterhin zu.

Probieren Sie es aus. Sie werden überrascht sein, welch positive Wirkung diese einfache Übung hat.

Sie können die Lächelmeditation übrigens auch wunderbar als Partnerübung durchführen. Suchen Sie sich dafür jemanden, mit dem Sie sich gut verstehen und dem Sie vertrauen. Außerdem sollte dieser Mensch für die Übung aufgeschlossen sein und selbst Lust darauf haben, sie auszuprobieren.

Setzen Sie sich in entspannter Haltung gegenüber. Schließen Sie dann die Augen und atmen Sie tief ein ... und langsam wieder aus ... atmen Sie noch einmal tief ein und bei der nächsten Ausatmung öffnen Sie die Augen und schenken Ihrem Gegenüber ein freudiges Lächeln. Ihr Übungspartner sollte genau das Gleiche tun. Schließen Sie nun die Augen wieder und spüren Sie, welche positiven Gefühle das Lächeln Ihres Übungspartners in Ihnen auslöst. Genießen Sie diesen Augenblick, atmen Sie noch einmal tief ein ... und wieder aus und bewahren Sie sich dieses positive Gefühl möglichst lange.

Falls Sie sich noch etwas intensiver auf die Meditation einlassen möchten, finden Sie auf Seite 84 eine Anleitung zur Achtsamkeitsmeditation, die im Buddhismus dazu dient, den Geist zur Ruhe zu bringen.

Das größte Gut ist die Vernunft (...). Denn von ihr stammen alle anderen Tugenden; sie lehrt uns, dass es unmöglich ist, lustvoll zu leben, ohne zugleich vernünftig, anständig und gerecht zu sein, und umgekehrt ein vernünftiges, anständiges und gerechtes Leben ohne Lust nicht möglich ist. Denn die Tugenden sind von Natur aus mit dem lustvollen Leben verbunden, und das lustvolle Leben kann von diesen nicht getrennt werden.

EPIKUR

Epikur – Ausgewogenheit von Lust und Vernunft

Im Zentrum der hedonistischen Lehre Epikurs (342–271 v. Chr.) steht das Glück des Einzelnen. Dieses ist in der vollkommenen Seelenruhe (*ataraxía*) zu finden, die der Mensch erreichen kann, wenn es ihm gelingt, frei von Schmerz zu sein. Dieser Zustand ist für Epikur die höchste Lust (*hedoné*). Somit basiert seine Lehre nicht etwa auf ungehemmtem Genuss, einem maßlosen, maximalen Ausleben sämtlicher Sinnenfreuden – was viele fälschlicherweise mit dem Begriff Hedonismus assoziieren. Es geht ihm vielmehr um eine ausgewogene Befriedigung der Bedürfnisse, des Strebens nach Lust, das er übrigens für etwas absolut Natürliches und Essenzielles hält. Welch zentrale Rolle dennoch auch die sinnlichen Genüsse für ihn spielen, wird anhand des folgenden Zitates deutlich:

Ich für meine Person weiß wirklich nicht,
was ich mir unter dem Guten vorstellen soll,
wenn ich die Freuden des Geschmacks, die
der Liebe und des Gehörs wegnehme und
die lustvollen Bewegungen, die durch den An-
blick einer Gestalt erzeugt werden, und all die
anderen Freuden, die im gesamten Menschen
durch irgendeinen Sinn entstehen.

Grundbedürfnisse wie Hunger, Durst und Sexualität wollen und sollen also befriedigt werden, aber entscheidend ist allein das richtige Maß, das der Mensch mithilfe seiner Weisheit ermitteln kann. Nach Epikur lässt Lust sich übrigens nicht nur körperlich, sondern auch rein geistig genießen – allerdings ist diese Erfahrung häufig ebenfalls auf den Körper beziehungsweise die Sinne bezogen, zum Beispiel, wenn man sich an frühere Genusserlebnisse erinnert. Doch auch die Wahrnehmung eines Kunstwerks oder die Freundschaft können lustvolle Erlebnisse sein. Wichtig ist die Qualität des Genusses, die nur dann entsteht, wenn der Mensch nicht von seinen Begierden beherrscht wird, wenn es ihm etwa gelingt, teilweise zu verzichten, ohne sich etwas gewaltsam versagen zu müssen. Ein ständiges, quasi suchthaftes Verlangen nach neuen Genüssen führt dagegen zu Irritationen und bringt die Seele aus dem Gleichgewicht.

Wenn wir also sagen, die Lust sei das Ziel, dann meinen wir damit nicht die Lust der Unersättlichen und die Lüste, die auf den bloßen Genuss beschränkt sind, wie das manche aus Ignoranz und Ablehnung oder aufgrund von Missverständnissen meinen; vielmehr verstehen wir unter Lust, dass wir nicht unter körperlichen Schmerzen leiden und seelisch nicht in Unruhe sind. Denn nicht Trinken und ein Fest nach dem anderen,

nicht der Genuss von Knaben, Frauen oder
Fischen und der anderen Dinge, die eine
luxuriöse Tafel bietet, machen das Leben lust-
voll, sondern ein nüchterner Verstand, der die
Gründe für das Wählen und Meiden heraus-
findet und die bloßen Meinungen vertreibt,
die am meisten die Seelen in Beunruhigung
stürzen.

Zur Erfüllung der Lust benötigt man Epikur zufolge nicht viel. Ein einfacher Lebensstil reicht völlig aus, um alle Bedürfnisse zur Genüge zu befriedigen. Dadurch ergibt sich eine große Unabhängigkeit von Statussymbolen, gesellschaftlichem Ansehen, Ämtern und übertriebenem Luxus, wie auch das folgende Zitat zeigt:

Weder größter zur Verfügung stehender
Reichtum noch Ansehen und Bewunderung
bei der Masse noch etwas anderes, das aus
unbegrenzten Ursachen entsteht, kann die
Unruhe der Seele beseitigen und nennens-
werte Freude verschaffen.

Freundschaft ist bei Epikur dagegen ein hohes Gut, da sie dem Einzelnen Sicherheit und Geborgenheit schenkt und somit ebenfalls die innere Balance der Seele fördert (diesen

Aspekt finden wir auch in der modernen Glücksforschung wieder, s. S. 25).

Epikurs Glücksrezept könnte man zusammenfassend folgendermaßen formulieren:

Führe ein einfaches, lustbetontes, aber maßvolles Leben, dann wirst du jene seelische Ausgeglichenheit finden, die höchste Erfüllung und Glückseligkeit bedeutet.

Welch auch heute noch überaus stimmige Lebensregel!

Macht Geld glücklich?

*Unsere Konsum- und Marktwirtschaft beruht
auf der Idee, dass man Glück kaufen kann,
wie man alles kaufen kann. Und wenn man
kein Geld bezahlen muss für etwas, dann
kann es einen auch nicht glücklich machen.
Dass Glück aber etwas ganz anderes ist, was
nur aus der eigenen Anstrengung, aus dem
Innern kommt und überhaupt kein Geld
kostet, dass Glück das »Billigste« ist, was es
auf der Welt gibt, das ist den Menschen einer
Gesellschaft, die sich für alles bezahlen lässt,
noch nicht aufgegangen.*

ERICH FROMM

Führt größerer Wohlstand automatisch zu einer größeren
Zufriedenheit, zu größerem Glück? Wissenschaftliche Studi-
en zeigen eindeutig, dass das Glücksniveau in unserer modernen Welt nicht gestiegen ist, obwohl der Lebensstandard
sich dramatisch verbessert hat, so der Psychologe und No-
belpreisträger für Ökonomie Daniel Kahnemann. Reichtum
macht uns nicht glücklicher, zumindest nicht in der west-
lichen Welt. Sofern das Jahreseinkommen der Menschen

eines Landes durchschnittlich mindestens 10.000 Dollar beträgt, führt ein höherer Verdienst nicht dazu, die Bewohner glücklicher zu machen.

In sehr armen Ländern sieht die Situation natürlich grundsätzlich anders aus. Hier hat eine gewisse finanzielle Sicherheit eine noch existenziellere Bedeutung für die Menschen und wirkt sich noch stärker auf ihr subjektives Wohlbefinden aus. Zunächst müssen die für das Überleben nötigen Grundbedürfnisse befriedigt werden können. Nur so sind die Menschen überhaupt in der Lage, ein Gefühl der Sicherheit zu entwickeln. Daher sind zusätzliche finanzielle Mittel in armen Ländern ein überaus wichtiger Glücksfaktor.

Das Glück der Millionäre

Der britische Sozialpsychologe Michael Argyle stellte fest, dass amerikanische Multimillionäre im Schnitt nicht glücklicher sind als Normalverdiener (67 Prozent der Millionäre fühlten sich glücklich im Vergleich zu 62 Prozent der zufällig ausgewählten Befragten – ein statistisch kaum relevanter Unterschied). Und eine Studie des Soziologen Paul Schervish und seiner Kollegen vom Center on Wealth and Philantrophy in Boston ergab, dass Millionäre häufig von Ängsten und Sorgen geplagt werden. Manche glauben, angesichts ihres Reichtums gar kein Recht zu haben, sich über irgendetwas zu beklagen. Häufig fühlen sich sehr reiche Menschen auch isoliert und einsam. Andere machen sich Sorgen um ihre Kinder. Sie befürchten, dass diese aufgrund des luxuriösen

Lebensstils zu sehr verwöhnt werden oder aber – auch wenn das fast absurd klingt – dass sie ihren Kindern zu wenig vererben können. Genauso absurd klingt es, wenn einige der Befragten befürchten, selbst finanziell nicht genug abgesichert zu sein. Aber offenbar kann sich die Wahrnehmung erheblich verschieben, wenn man über ein großes Vermögen verfügt.

Die Konsumlüge

Die Werbung hält viele Glücksbotschaften für uns bereit. Aber die Wissenschaft zeigt, warum der Konsum uns nicht glücklich machen kann. Das hat der britische BBC-Reporter Mark Easton in seiner gut gemachten Reportage »The Recipe for Happiness« anschaulich dargestellt (zu sehen im Internet unter http://news.bbc.co.uk/2/hi/programmes/happiness_formula/default.stm). Viele Menschen träumen davon, sich ein teures Luxusauto leisten zu können. Was geschieht nun aber – fragt Easton, während er demonstrativ in einem teuren Rennwagen sitzt –, wenn jemand in der Lage ist, sich diesen Traum tatsächlich zu erfüllen? Bei der ersten Fahrt, so Easton, wird ihn ein erhebendes Gefühl überkommen und er wird sich wahrscheinlich über alle möglichen Details freuen. Über das schnittige Design, die Innenausstattung, den Klang des Motors, das tolle Fahrgefühl. Doch das zweite, dritte oder hundertste Mal wird der Besitzer des Luxuswagens diesen nicht mehr auf die gleiche Weise genießen, sondern sich nach einem noch größeren oder schickeren Modell sehnen. Denn wir gewöhnen uns sehr schnell an die Dinge, die wir besitzen. Glück erleben wir, so der Psychologe Daniel Kahnemann, wenn wir unsere Aufmerksamkeit auf etwas Angenehmes richten. Und auf ein Auto können wir uns nicht lange konzentrieren. Daher bringen uns zahlreiche kleinere Freuden viel mehr als eine teure Anschaffung. Denn neue Wünsche entstehen sehr rasch.

Wenn die Messlatte nach oben rutscht

Der zweite Grund, warum wir durch größere Anschaffungen nicht glücklich werden können, besteht darin, dass wir uns ständig mit anderen vergleichen. Auch das zeigt Mark Easton in seiner Reportage. Sobald wir uns etwas Schönes kaufen, besteht die Gefahr, dass ein anderer uns übertrumpft, etwa ein Arbeitskollege oder Nachbar. Zunächst freuen wir uns über unser neues Auto. Doch sobald ein Nachbar mit einem größeren Modell vor dem Haus parkt, kann sich die Freude schnell relativieren.

Der Wirtschaftsjournalist Harald Willenbrock hat dieses Phänomen treffend beschrieben:

 Jedes Mehr-Einkommen versickert im dicken Teppich der Lebensumstände, an die wir uns gewöhnt haben. Um dauerhaft mehr Glück zu erleben, müssten wir also auch fortlaufend mehr Geld beschaffen. Wie kräftig wir uns

jedoch auch ins Zeug legen und finanziell verbessern mögen – es ist irgendwie nie genug. Denn wenn wir unseren Lebensstandard beurteilen, orientieren wir uns zwangsläufig an dem, was Nachbarn, Kollegen und Konkurrenten besitzen, wobei wir ernüchtert feststellen, dass es immer andere gibt, die mehr haben als wir.

Von der Relativität des Glücks

Wir Menschen sind Meister darin, uns an neue Situationen anzupassen. Nach großer Freude gleichen sich unsere Gefühle relativ rasch wieder an den Normalzustand an. Lottogewinner sind ein Jahr nach ihrem Gewinn genauso glücklich oder unglücklich wie zuvor. Nach einer Zeit des emotionalen Überschwangs gewöhnen sie sich an den neuen Lebensstandard und ein großer Teil ihres Gewinns ist schnell verbraucht.

Die Anpassungsfähigkeit gilt auch für negative Ereignisse. So lag das Glücksniveau von Querschnittsgelähmten ein Jahr nach ihrem Schicksalsschlag wieder im Normalbereich. Zunächst machten die Betroffenen eine schwierige, extrem unglückliche Zeit durch. Aber dann gelang es ihnen, sich ihrer neuen Situation anzupassen.

Midas

Einst schweifte der mächtige Weingott Dionysos mit seinen Bakchantinnen und Satyrn hinüber nach Kleinasien. Dort lustwandelte er an den rebenumrankten Höhen des Tmolosgebirges, von seinem Gefolge begleitet. Nur Silenos, der greise Zecher, ward vermisst. Dieser war, vom Weinrausch überwältigt, eingeschlafen und so zurückgeblieben. Den schlummernden Alten fanden phrygische Bauern; da fesselten sie ihn mit Blumenkränzen und führten ihn zu ihrem König Midas. Ehrfürchtig begrüßte derselbe den Freund des heiligen Gottes, nahm ihn wohl auf und bewirtete ihn mit fröhlichen Gelagen zehn Tage und Nächte lang. Am elften Morgen aber brachte der König seinen Gast auf die lydischen Gefilde, wo er ihn dem Bakchos übergab. Erfreut, seinen alten Genossen wiederzuhaben, forderte der Gott den König auf, sich eine Gabe von ihm zu erbitten. Da sprach Midas: »Darf ich wählen, großer Bakchos, so schaffe, dass alles, was mein Leib berührt, sich in glänzendes Gold verwandle.« Der Gott bedauerte, dass jener keine bessere Wahl getroffen, doch winkte er dem Wunsche Erfüllung. Des schlimmen Geschenkes froh, eilte Midas hinweg und versuchte sogleich, ob die Verheißung sich auch bewähre; und siehe, der grünende Zweig, den er von einer Eiche brach, verwandelte sich in Gold. Rasch erhob er einen Stein vom Boden, der Stein ward zum funkelnden Goldklumpen. Er brach die reifen Ähren vom Halm und erntete Gold; das Obst, das er vom Baume pflückte, strahlte wie die Äpfel der Hesperiden. Ganz entzückt lief er hinein in seinen Palast. Kaum berührte sein Finger die Pfosten der Tür, so leuchteten die Pfosten wie Feuer; ja selbst das Wasser, in das er seine Hände tauchte, verwandelte sich in Gold. Außer sich vor Freude, befahl er den Dienern, ihm ein leckeres Mahl zu richten. Bald stand der Tisch bereit, mit köstlichem Braten und weißem Brote belastet. Jetzt griff er nach dem Brote – die heilige Gabe der Demeter ward zu steinhartem Metall; er steckte das Fleisch in den Mund – schimmerndes Blech klirrte ihm zwischen den Zähnen; er nahm den Pokal, den duftenden Wein zu schlürfen – flüssiges Gold schien die Kehle hinabzugleiten. Nun ward es ihm doch klar, welch ein schreckliches Gut er sich erbeten hatte, so reich und doch so arm, verwünschte er seine Torheit; denn nicht einmal Hunger und Durst konnte er stillen, ein entsetzlicher Tod war ihm gewiss. Verzweifelnd schlug er die Stirn mit der Faust – o Schrecken, auch sein Antlitz strahlte und funkelte wie Gold. Da erhob er angstvoll die Hände zum Himmel empor und flehte: »O Gnade, Gnade, Vater Dionysos! Verzeih mir schwachsinnigem Sünder und nimm das gleißende Übel von mir!« Bakchos, der freundliche Gott, erhörte die Bitte des reuigen Toren, er löste den Zauber und sprach: »Gehe hin zum Fluss Paktolos, bis du seine Quelle im Gebirge findest. Dort, wo das schäumende Wasser dem Felsen entsprudelt, dort tauche das Haupt in die kühle Flut, dass dich der glänzende Firnis verlasse. So spüle zugleich *mit dem Golde die Schuld ab.« Midas gehorchte dem göttlichen Befehl, und siehe, zur selbigen Stunde wich der Zauber von ihm; aber die goldschaffende Kraft ging auf den Strom über, welcher seitdem das kostbare Metall in reichem Maße mit sich führt.*

GUSTAV SCHWAB

Das eigene Glück gestalten

Glück ist ein Entschluss.

RENÉ DESCARTES

Die sogenannte Positive Psychologie geht über den traditionellen Fokus der klassischen Psychologie hinaus, der vorwiegend auf seelische Störungen und Erkrankungen ausgerichtet ist. Sie wurde Ende der 90er-Jahre von dem amerikanischen Psychologen Martin Seligman begründet und beschäftigt sich mit der Frage, was das Leben besonders lebenswert macht. Seligman und seinen Kollegen geht es um die wissenschaftliche Untersuchung positiver subjektiver Erfahrungen und persönlicher Eigenschaften, die zu einer größeren Lebensqualität beitragen und dabei helfen, leidvolle und krankhafte Zustände zu vermeiden. Denn diese treten vermehrt auf, wenn das Leben den Menschen öde und sinnlos erscheint. Der Positiven Psychologie zufolge basiert Glück – zumindest zu einem großen Teil – auf der persönlichen Einstellung und Selbstwahrnehmung des Menschen. Man kann es demnach also selbst beeinflussen und Techniken erlernen, um es zu erzeugen.

Generell geht es bei diesem Ansatz darum, viele, manchmal scheinbar unbedeutende Dinge, auf eine positive Weise wahrzunehmen und den eigenen Fokus auf das Glück auszurichten.

So können Zwänge und Stress durch unsere eigene Haltung zumindest teilweise eine andere Bedeutung annehmen. Eine Situation kann extrem belastend wirken, wir können aber auch den Eindruck haben, gut damit fertig zu werden – je nachdem, wie wir die Lage bewerten. Betrachten wir alles als Zwang, fühlen wir uns häufig genötigt, etwas zu tun. Entscheiden wir uns aber dazu, selbst aktiv zu werden, entwickeln wir eine viel größere Motivation. Häufig reicht es schon, die Formulierungen zu ändern. Der Satz »Ich muss in die Arbeit« hat eine ganz andere Wirkung auf uns als die Aussage »Ich bin gespannt, was mich in der Arbeit heute erwartet«.

Auch unsere Körperhaltung, unsere Gestik und Mimik wirken sich darauf aus, wie wir uns fühlen. Mithilfe einer positiven Körperhaltung und Mimik können wir unsere Stimmung gezielt verbessern. Allein die Tatsache, dass wir aufrecht stehen oder lächeln, lässt uns die Dinge in diesem Moment optimistischer betrachten und hebt unsere Laune (s. dazu a.: »Die Welt mit einem Lächeln umarmen«, S. 71).

Optimismus fördern

Ein wesentlicher Faktor für das Glück ist tatsächlich der Optimismus. Ob jemand eine optimistische Grundhaltung hat, hängt Seligman zufolge von drei Dingen ab: So wird unser Optimismus einerseits durch unsere Veranlagung bedingt. Es handelt sich dabei um unsere ererbte, genetische Grund ausstattung für den Optimismus. Darüber hinaus spielen unsere Lebensumstände eine wichtige Rolle. Den dritten Aspekt aber können wir selbst beeinflussen. Es ist die bewusste Entscheidung, eine optimistische Einstellung zu haben und die Dinge in einem positiven Licht zu sehen. Wenn wir diese Entscheidung fällen, verbessern wir damit unsere Lebensqualität – und letztlich auch unsere Lebensumstände. Menschen mit einer optimistischen Grundhaltung sind eher davon überzeugt, ihr Leben meistern zu können. Sie lassen sich nicht so schnell von Problemen und Rückschlägen entmutigen wie Pessimisten und sind besser in der Lage, konstruktive Lösungen für schwierige Situationen zu finden. Sie haben nicht gleich das Gefühl, dass sich die ganze Welt gegen sie verschworen hat, sondern versuchen die Dinge beim nächsten Mal einfach besser zu machen. Pessimisten neigen dagegen dazu, sich schnell überfordert zu fühlen, in Passivität zu verfallen und alles anzuzweifeln.

Um dem eigenen inneren Kritiker Paroli zu bieten und eine pessimistische Sichtweise durch eine optimistische zu ersetzen, empfiehlt Seligman die folgende Strategie, die auch Sie jederzeit ausprobieren können:

Dem inneren Kritiker Paroli bieten

Sobald Sie merken, dass Sie negative Botschaften an sich selbst senden wie »Ich bin ein totaler Versager« oder »Alles, was ich in Angriff nehme, geht schief« oder »Ich traue mir diese Aufgabe nicht zu«, sollten Sie sich vorstellen, dass ein anderer Mensch Ihnen diese Dinge vorwirft. Wie würden Sie in einem solchen Fall reagieren? Wahrscheinlich würden Sie sich entrüstet zur Wehr setzen und das Gesagte nicht auf sich sitzen lassen. Malen Sie sich die Situation möglichst konkret aus und führen Sie ein inneres Gespräch mit Ihrem Gegner. Betonen Sie in Ihrer Verteidigungsrede Ihre positiven Fähigkeiten und Eigenschaften. Weisen Sie auf andere Situationen hin, in denen Sie gut reagiert oder ein Projekt erfolgreich durchgeführt haben. Natürlich zählen auch Momente dazu, in denen Sie zum Beispiel einem anderen Menschen in einer schwierigen Situation geholfen haben. Vielleicht haben Sie tröstende Worte für ihn gefunden oder ihn auf andere Weise unterstützt. Besinnen Sie sich auf Ihre persönlichen Stärken und versuchen Sie dann, die Situation in ein realistisches Licht zu rücken. Wenn wir etwas pessimistisch betrachten, beurteilen wir vieles tatsächlich zu negativ. Schnell entstehen in unserem Kopf dann automatisch die uns nur allzu bekannten Negativsätze, die alles zu überlagern scheinen. Lassen Sie nicht zu, dass diese Sätze sich zu einer geballten negativen Ladung entwickeln, die Sie lähmt und an sich selbst zweifeln lässt. Wappnen Sie sich mithilfe dieser Übung bereits jetzt gegen den nächsten Angriff Ihres inneren Kritikers, damit Sie für den Fall des Falles schlagkräftige Gegenargumente parat haben. Auf diese Weise gelingt es Ihnen viel eher, sich eine optimistische Haltung zu bewahren und daraus eine gehörige Portion Energie zu schöpfen. So werden Sie besser in der Lage sein, Probleme zu analysieren, Situationen realistisch einzuschätzen und selbstbewusst sinnvolle Lösungen dafür zu entwickeln.

Jeder hat sein eigen Glück unter den Händen,
wie der Künstler eine rohe Materie, die er zu
einer Gestalt umbilden will. Aber es ist mit
dieser Kunst wie mit allem; nur die Fähigkeit
wird uns angeboren, sie will gelernt und sorg-
fältig ausgeübt sein.

JOHANN WOLFGANG VON GOETHE

Das Glückstagebuch

Das Führen eines Glückstagebuchs wird unter anderem von Vertretern der Positiven Psychologie empfohlen (s. S. 43). Es kann effektiv dazu beitragen, die eigene Gemütsverfassung positiv zu beeinflussen. Wenn Sie Lust haben, können Sie ein solches Glückstagebuch anlegen, in dem Sie all die Momente des Tages festhalten, die Sie als positiv, aufbauend, motivierend oder glücklich empfunden haben. Mithilfe dieser einfachen Übung schärfen Sie Ihren Blick für das kleine alltägliche Glück und lernen, viele Dinge wahrzunehmen und aus einem optimistischen Blickwinkel zu betrachten, denen Sie bisher keine Aufmerksamkeit geschenkt haben. Und eine solche Grundhaltung kann Ihr eigenes Wohlbefinden nachhaltig verändern – zum Besseren! Glücksforscher wie Ed Diener haben nämlich herausgefunden, dass es die zahlreichen kleinen positiven Ereignisse sind, die uns glücklich machen. Es kommt also auf die Häufigkeit an und nicht so sehr darauf, ob es sich um das »große Glück« handelt.

Besorgen Sie sich ein schönes Buch mit leeren Seiten, das Sie zu Ihrem persönlichen Glückstagebuch erklären. Immer wenn Ihnen der Sinn danach steht, können Sie all die schönen, inspirierenden, aufregenden, spannenden, fabelhaften und glücklich machenden Momente und Ereignisse des Tages aufschreiben.

Wenn Sie möchten, können Sie gleich hier damit anfangen und einige Glücksmomente festhalten, die Sie heute erlebt haben. Sobald Sie Ihr Glückstagebuch besorgt haben, tragen Sie Ihre Erlebnisse dort ein.

Denken Sie nicht zu intensiv darüber nach, sondern halten Sie alles fest, was Ihnen relativ spontan einfällt. Zur Entspannung können Sie vor dieser Übung zunächst die Lächeloder die Atemmeditation durchführen (s. S. 27 und S. 83). Lassen Sie Ihre Gedanken dann frei fließen und erinnern Sie sich an alles, was Sie an diesem Tag erfreut oder sogar richtig glücklich gemacht hat. Zur Inspiration hier eine kurze Liste der Dinge, die mir für den heutigen Tag spontan einfallen:

- Der Genuss der ersten Tasse Darjeelingtee, die ich mir in der warmen Frühlingssonne auf meiner Terrasse zusammen mit einem leckeren Honigbrot gegönnt habe.
- Der Duft der feuchtwarmen Luft in meinem Minigewächshaus beim Gießen der zarten Mais-, Zucchini-, und Kürbispflänzchen, die ich vor einer Weile ausgesät habe.
- Der Abschluss eines weiteren Kapitels dieses Buches.
- Mein strahlendes Waschbecken, nachdem ich es in einer spontanen Blitzaktion mit dem Essigreiniger geputzt habe.
- Die wunderschöne Sicht aus der S-Bahn auf die immer noch schneebedeckten Berge in der Ferne.

- Die zufällige Begegnung mit einem meiner Tanzpartner im Untergeschoss des Marienplatzes in München. Wir erblicken uns in der Menschenmenge, bleiben stehen und unterhalten uns kurz; und obwohl es nur ein flüchtiger Moment ist, hat er etwas Besonderes. Die Zeit scheint inmitten all der Leute, die von der Arbeit kommen und hektisch an uns vorbeigehen, stillzustehen. Die Begegnung ist getragen von großer Sympathie, Achtung und Wohlwollen. Als wir uns verabschieden, erfüllt mich eine stille innere Freude, die mir noch längere Zeit ein Lächeln ins Gesicht zaubert. – Danke für diesen Moment, Konrad.
- Der Besuch der Staatsbibliothek, der für mich jedes Mal etwas Erhebendes hat, und die Tatsache, dass meine bestellten Bücher schon für mich bereitliegen.
- Das Tanzen im Münchner Hofgarten, wo sich am heutigen Abend einige Salsabegeisterte unter der Kuppel des Dianatempels treffen. Aus einem CD-Spieler mit zwei kleinen Boxen dringt leise Musik. Die Luft, die nach Blüten duftet, ist schon sommerlich warm, und es herrscht eine wunderbare, fast sphärische Stimmung. Die Tänzer bewegen sich gekonnt und rhythmisch zur Musik. Freiheit und Lebensfreude in der Stadt!

Und nun sind Sie an der Reihe.

Meine heutigen Glücksmomente:

🍀 _____

_____

🍀 _____

_____

🍀 _____

_____

🍀 _____

_____

🍀 _____

_____

🍀 _____

_____

🍀 _____

_____

Verlange nicht, dass die Dinge gehen, wie du es wünschst, sondern wünsche sie so, wie sie gehen, und dein Leben wird ruhig dahinfließen.

EPIKTET

Was andere Menschen glücklich macht

Tausend fantastische Dinge

Der Kanadier Neil Pasricha begann im Jahr 2008 einen Blog mit dem Titel www.1000awesomethings.com (= Tausend fantastische Dinge). Nach dem Motto »Das Leben ist schön« versammelt er darin Dinge und Erlebnisse des Alltags, die seiner Meinung nach großartig sind und glücklich machen. Sehr rasch wurde seine Internetseite überaus erfolgreich – im Frühling 2011 verzeichnete sie bereits über 30 Millionen Hits. 2010 stellte Pasricha rund 200 Einträge in einem Buch zusammen (*The Book of Awesome*), das 50 Wochen auf der Bestsellerliste stand. Offenbar stößt sein Ansatz, die kleinen wunderbaren Dinge des Alltags zu beachten, auf enormen Anklang. Das ist nicht allzu verwunderlich, bestätigt doch auch die moderne Glücksforschung, dass es die zahlreichen kleinen Glücksmomente sind, die unser Leben besonders und lebenswert machen, und nicht etwa das Warten auf das ganz große Glück, das wahrscheinlich in dieser Form niemals kommt (s. a. S. 25). Mittlerweile ist Pasrichas Buch unter dem Titel *Fantastisch. 1000 alltägliche Dinge, die uns glücklich machen* auch auf Deutsch erhältlich. Und da das Lesen seiner Anregungen so viel Spaß macht, weil man sich an so viele Dinge erinnert fühlt, die das Leben im Kleinen schön machen und es wert sind, dass wir ihnen mehr Aufmerksamkeit schenken, sind hier sozusagen als Appetithäppchen einige Beispiele aufgelistet. Wenn sie Ihnen gefallen, können Sie auf der Homepage des Autors weitere Einträge lesen (auf Englisch) oder sich das Buch Pasrichas besorgen.

Und hier ein paar von Neil Pasrichas fantastischen Dingen:

Mit leerem Tank die letzte offene Tankstelle erreichen

Im Supermarkt am Ende einer langen Schlange stehen und sehen, dass eine weitere Kasse geöffnet wird

Einen Polizisten am Straßenrand sehen und erleichtert feststellen, dass man sich an die Geschwindigkeitsbegrenzung gehalten hat

Im Flugzeug eine ganze Reihe für sich alleine haben

Wenn Jung und Alt gemeinsam tanzen

Wenn jemand beim Monopoly-Spiel auf der Straße mit dem Hotel landet, das man eben gebaut hat

Wenn man aufwacht, bevor der Wecker klingelt, und zufrieden feststellt, dass man noch weiterschlafen kann

Nach langer Zeit endlich wieder duschen

Wer n man zu den letzten
Takten seines Lieblingssor gs
sein Ziel erreicht

Sich in frische Bettwäsche kuscheln

Wenn ein entgegenkommendes Fahrzeug
aufblendet, um einen vor einer
Verkehrskontrolle zu warnen

Denken, es sei Donnerstag, obwohl bereits Freitag ist

In dem Moment an der Bushaltestelle ankommen,
in dem der Bus gerade um die Ecke biegt

Wenn man so sehr lachen muss, dass man
keinen Ton mehr von sich geben kann

Den Papierkorb im Computer leeren

So viele Treppenstufen auf einmal nehmen wie möglich

Eine lange U marmung, wenn man
sie gerade dringend nötig hat

Wenn jemand die Aufzugtür aufhält,
damit man noch mitfahren kann

Wenn das Telefon klingelt und
jemand am Apparat ist,
an den man gerade gedacht hat

Wenn ein Schluckauf wieder verschwindet

Das Geräusch des knirschenden
Schnees unter den Schuhen

Sich mit einer neuen Zahnbürste die Zähne putzen

Wenn es einem gelingt, das Radio
so einzustellen, dass man seinen
Lieblingssender trifft, ohne dass es rauscht

Im Stau in der Spur sein,
die am schnellsten vorwärtskommt

Ein Buch genau auf der richtigen Seite aufschlagen

Sich an einem Freitag freinehmen

Der Moment der Erwartung vor dem ersten Kuss

Wenn man beim Jäten ein
Unkraut mit der Wurzel herauszieht

Die neuen Kleidungsstücke anprobieren,
sobald man vom Einkaufen nach Hause kommt

Alte Leute beim Händchenhalten beobachten

Ein Stück Frischhaltefolie
abreißen, ohne dass diese dabei
an sich selbst festklebt

Der Duft in einer Bibliothek

Den Deckel eines Schraubglases
aufbekommen, nachdem alle
anderen es vergeblich versucht haben

Wenn Freunde anrufen, um zu sagen,
dass sie gut nach Hause gekommen sind

In ein Feuer schauen

Jemandem im eigenen
Heimatort eine
richtige Wegbeschreibung geben

Endlich den Anfang des
Tesafilms finden

Bei sich selbst einbrechen,
wenn man sich ausgesperrt hat

Wenn die Kapitel in dem Buch,
das man liest, kurz sind

Die schwierigste Übung zum Glück ist, bei sich selbst zu bleiben. Sich nicht mit anderen in eine Konkurrenzspirale zu begeben. Ich übe das auch immer noch, schreibe mir Anfang des Jahres immer in die ersten Seiten meines Kalenders, was mich glücklich macht. Schöne Sätze und Gedanken. Wenn ich merke, dass es Ärger gibt, gucke ich mir ganz schnell diese Seiten an.

GISÈLE SCANLON

Glücksmomente

Auch Gisèle Scanlon, die irische Mode- und Lifestyle-Expertin, deren Titel aus der Buchreihe *Goddess Guide* in den USA Bestseller sind, wollte wissen, was Menschen glücklich macht. Deshalb hat sie 8000 Leute dazu befragt. Hier nur ein paar ihrer Antworten:

Liebe

Musik

Kinder

Ein toller Duft

Ein wunderschöner sonniger Tag

Einfache Dinge wie Schokolade oder Eis

Gutes Essen

Mit meinem Hund zu spielen

Andere Menschen glücklich zu sehen;
wenn andere Menschen glücklich sind,
empfindet man selbst ein Gefühl von Glück

Lächelnde Menschen;
das hat etwas Ansteckendes

Ich bin glücklich
während des Liebesspiels

Sonne, sauberes Wasser und
ein großes flauschiges Kopfkissen

Gemeinsam mit Freunden zu essen

Am glücklichsten macht mich das Lesen.
Es ist die intensivste Erfahrung,
die man machen kann,
denn man ist dabei mit den klügsten Köpfen
der Welt verbunden
(Vivienne Westwood,
englische Modedesignerin)

Ich liebe das Leben;
es macht mich glücklich, fit, gesund
und am Leben zu sein
(Paul Smith, englischer Modedesigner)

Und das persönliche Highlight der Autorin:
Ich schreibe täglich eine To-do-Liste,
dann streiche ich alles, was erledigt ist,
mit einem rosa Textmarker durch.
Gott, ist das befriedigend!

Ihre Glücksvorstellung

Tragen Sie auf dieser Seite alle Glücksvorstellungen ein, die Ihnen einfallen. Was bedeutet Glück für Sie? Was macht Sie glücklich?

❀ _____

❀ _____

❀ _____

❀ _____

❀ _____

❀ _____

❀ _____

❀ _____

❀ _____

❀ _____

❀ _____

❀ _____

Jeden Tag ein Stück vom Glück

Gestalten Sie sich jeden Tag Ihren eigenen besonderen Glücksmoment. Tun Sie bewusst etwas, das Sie sich wünschen, etwas, das Sie glücklich macht. Ob Sie nach der Arbeit einen Spaziergang in der Natur machen und es genießen, die frische Luft durch Ihre Lungen strömen zu lassen, ob Sie sich ein schönes Abendessen mit Freunden in einem Ihrer Lieblingsrestaurants gönnen, einfach genüsslich in der Mittagspause einen Cappuccino trinken oder ob Sie besonders offen auf einen anderen Menschen zugehen und ihm ein herzliches Lächeln schenken – die Möglichkeiten sind unendlich. Viele Dinge tun wir unbewusst und nebenbei, sodass sie in der Alltagsroutine fast unmerklich untergehen. Wenn Sie sich den eigenen kleinen Glücksmomenten aber gezielt widmen, können Sie diese in den meisten Fällen viel bewusster auskosten und genießen. Es geht darum, dass Sie etwas tun, das Sie aufbaut, inspiriert und beflügelt oder auch tröstet und Ihnen einfach guttut.

Stellen Sie zunächst eine Wunschliste zusammen. Diese können Sie natürlich im Laufe der Zeit beliebig erweitern und verändern. Manche Dinge verlieren möglicherweise an Bedeutung, andere werden nach einer Weile wichtiger. Schreiben Sie alles auf, was Sie gerne tun, was Sie sich wünschen, was Ihnen spontan einfällt, wenn Sie sich fragen: Was macht mich glücklich? In Ihrer Glücksliste sollten lauter Dinge stehen, die Sie selbst praktisch umsetzen können. Möglicherweise sind einige Einträge aus der Liste von S. 61 dabei, die Sie bereits erstellt haben. In dieser Liste werden aber wahrscheinlich auch Dinge enthalten sein, auf die Sie selbst keinen Einfluss haben. Bei der Wunschliste unten geht es nun darum, all das festzuhalten, was Sie selbst konkret verwirklichen können. Wir kommen damit zum aktiven Teil, den Dingen, die Sie selbst in die Hand nehmen und für sich tun können:

Meine Glücksliste

❀ _____

❀ _____

❀ _____

❀ _____

❀ _____

❀ _____

❀ _____

❀ _____

❀ _____

❀ _____

🍀 _____

🍀 _____

🍀 _____

🍀 _____

🍀 _____

🍀 _____

🍀 _____

🍀 _____

🍀 _____

🍀 _____

🍀 _____

🍀 _____

Nun können Sie an jedem Tag, an dem Sie sich etwas Gutes tun möchten, einen Punkt aus Ihrer Liste auswählen und sich diesen Wunsch erfüllen.

Der Wert der Freundschaft

Es ist wichtig, dass Sie sich dessen bewusst werden, wie viel von Ihrem eigenen Glück mit dem Glück anderer zu tun hat. Es gibt kein individuelles Glück, das von dem anderer ganz unabhängig wäre.

DALAI LAMA

Zu den wichtigsten Faktoren für das Glück zählen unsere sozialen Beziehungen. Menschen, die bei Glückstests (s. a. S. 96) gut abschneiden, haben in der Regel enge Bindungen zu Familie und Freunden. Ein stabiles soziales Netz bietet einen immensen Rückhalt und eine Unterstützung, auf die man stets zurückgreifen kann, egal, was einem im Leben gerade widerfährt. Ist man eingebunden in ein gut funktionierendes Netzwerk aus Freunden, Bekannten, Verwandten und Kollegen, erhöht sich auch die Zufriedenheit im Leben insgesamt. Neuen Forschungsergebnissen zufolge haben Menschen mit vielen Freunden überdies ein besseres Immunsystem und sind daher weniger anfällig für Viruserkrankungen. Der Mensch ist ein soziales Wesen und Freundschaften haben nachhaltige, überaus tief greifende Wirkungen auf uns. Auch Christopher Peterson, einer der Gründungsväter der Positiven Psychologie, ist sich sicher, dass wir das größte Glück durch andere Menschen erfahren: »Schönes lässt sich am besten in Gesellschaft anderer genießen. Die wichtigsten Bausteine eines zufriedenen Lebens sind sozialer Art. Gute Beziehungen zu anderen könnten sogar eine notwendige Bedingung für ein glückliches Leben sein. Glück kann man kaufen – wenn man sein Geld für andere ausgibt.«

Der Idealfall: Vier bis zwölf Freunde

Der Soziologe Ernst Gehmacher wird sogar noch konkreter. Er zeigt, dass wir unsere Chancen auf soziales Glück – statistisch gesehen – am besten fördern, wenn wir mindestens vier, aber nicht mehr als zwölf enge Beziehungen im Familien- und Freundeskreis haben. Damit sind Beziehungen gemeint, die auf gegenseitigem Vertrauen und zuverlässiger Unterstützung basieren. Im größeren Bekanntenkreis fühlen wir uns am besten aufgehoben, wenn wir mindestens 15 freundschaftliche Kontakte haben. Dann entwickelt sich »das ausgeprägte Gefühl, zu einer größeren sozialen Einheit zu gehören«, so Gehmacher. 80 Prozent der Menschen über 50, die einsam und ungesund leben, sind von chronischen Krankheiten betroffen. Dagegen treffen chronische Krankheiten nur fünf Prozent der Menschen, die über ein gutes »Sozialkapital« verfügen und die darüber hinaus Spaß an der Arbeit und aktive Hobbys haben.

Ausrichtung auf andere

Der Buddhismus lehrt bereits seit Jahrtausenden, dass wir uns alle nach Zufriedenheit und Glück sehnen. Dieses uralte Weisheitssystem zeigt uns, wie wir die Schulung des Geistes als Weg zu einem glücklichen Dasein nutzen können. Ein zentrales Instrument ist dabei die Meditation (eine Einführung dazu finden Sie auf S. 82). Ein weiteres Kernprinzip des Buddhismus ist das Mitgefühl. Wir Menschen müssen erkennen, dass wir nicht getrennt voneinander existieren können. Es wird uns nicht gelingen, nur unserem eigenen Glück hinterherzujagen und die Augen vor dem Leid anderer zu verschließen. Tiefes und dauerhaftes Glück können wir nach buddhistischem Verständnis nur finden, wenn wir Liebe und Mitgefühl für andere Menschen entwickeln und an ihrem Leben Anteil nehmen.

Das Helper's High – eine wirksame Glücksdroge

Sich auf andere auszurichten, für ihre Sorgen und Nöte da zu sein und ihnen konkret zu helfen, kann große Glücksgefühle in uns auslösen. Studien zufolge empfinden 95 Prozent der Leute, die kranken, alten oder behinderten Menschen regelmäßig ehrenamtlich helfen, ein besonderes Glück – selbst wenn es nur ein paar Stunden pro Woche sind. Wie Eva Gesine Baur und Wilhelm Schmid-Bode in ihrem Buch ›Glück ist kein Zufall‹ zeigen, vergleicht der renommierte Experte für freiwillige Hilfsdienste Allan Luks dieses Erlebnis mit einer

Art rauschhaftem Zustand, den er als »Helper's High« bezeichnet. Die Helfer entwickeln vermehrt Energie und empfinden dabei ein größeres Wärmegefühl im Körper, was zu Entspannung und Stressabbau führt. Gleichzeitig kommt es zu einer Endorphinausschüttung, die zu einem regelrechten Hochgefühl, ja zur Euphorie führen kann. Wenn man anderen also freiwillig und gerne hilft, wirkt dies oft wie eine Glücksdroge – und das ohne jegliche negative Begleiterscheinungen. Die Wirkung dieser natürlichen Glücksdroge hält häufig sogar den ganzen Tag und darüber hinaus an – bei vielen Helfern stellt sich eine größere innere Ruhe und Ausgeglichenheit ein und ihr Selbstwertgefühl wächst. Darüber hinaus können die Helfer mit eigenen Sorgen, aber auch mit Krankheiten und Beschwerden besser umgehen, da sie ihre Aufmerksamkeit auf etwas anderes richten und gedanklich nicht ständig um sich selbst und ihre eigenen Belange kreisen. Das Helper's High stellt sich jedoch nur ein, wenn die Hilfe freiwillig geleistet wird. Geschieht es aus einem Gefühl der Verpflichtung oder aus einem Zwang heraus, etwa weil man meint, einem Familienangehörigen helfen zu müssen, können die positiven Wirkungen genau ins Gegenteil umschlagen. In diesem Fall fühlt man sich schnell angespannt, gestresst, frustriert und überfordert. Außerdem sollte die Hilfe mit einer gewissen Regelmäßigkeit erfolgen, denn regelmäßig zu helfen vermittelt dem anderen und auch uns selbst, dass auf uns Verlass ist, dass wir Verantwortung übernehmen. Auf diese Weise entsteht ein Gefühl der Nähe, der Vertrautheit und Geborgenheit, und die beglückende Erfahrung des Helfens ist mehr als eine kurze Momentaufnahme.

Wenn Sie als Helfer aktiv werden möchten, könnten Sie Ihre Hilfe zum Beispiel bei einer Organisation in Ihrer Nähe anbieten. In der Regel können die Gemeinden Auskunft über entsprechende Organisationen geben. Auf der Website http://www.aktion-mensch.de/freiwillig/suche.php findet sich außerdem eine große Freiwilligendatenbank. Sie bietet eine Fülle von Kontaktmöglichkeiten und Adressen.

Gehen Sie morgens mit einer positiven, anderen Menschen zugewandten Einstellung aus dem Haus. Mit dieser grundsätzlichen Bereitschaft, auf andere zuzugehen und ihnen bei Bedarf zu helfen, haben Sie bereits einen ganz anderen Blick auf die Welt. Sie entwickeln von Beginn an ein Verständnis für die anderen und haben das Gefühl, mit ihnen in einem Boot zu sitzen. So gelingt es Ihnen auch viel eher, die eigene Lethargie zu überwinden und einer Mutter selbstverständlich dabei zu helfen, den Kinderwagen die Treppe aus dem U-Bahn-Geschoss nach oben zu tragen, wenn die Rolltreppe mal wieder nicht funktioniert. Sofort schlagen Sie durch Ihre Hilfsbereitschaft eine Brücke zu dieser eben noch fremden Person und erhalten selbst einen kleinen Glücksschub. Wenn Sie mit einer solchen Grundhaltung durch den Tag gehen, werden Sie feststellen, dass sich Ihre Welt ein großes Stück verändert.

*Der glückliche Mensch ist derjenige, der
die Einheit seines Ichs zu wahren weiß,
dessen Persönlichkeit weder in sich selbst
gespalten, noch gegen die Außenwelt feind-
lich gesinnt ist. Ein solcher Mensch fühlt sich
als ein Bürger des Alls, der ohne Hemmung
das Schauspiel, das es bietet, und die
Freuden, die es schenkt, genießen kann –
unbekümmert vom Gedanken an den Tod,
weil er sich von denen, die nach ihm sein
werden, nicht wirklich getrennt fühlt. In solch
inniger, naturbestimmter Vereinigung mit
dem Strom des Lebens vollzieht sich die
tiefste Beglückung, die wir finden können.*

BERTRAND RUSSELL

Die Welt mit einem Lächeln umarmen

Das Lächeln hält den Schlüssel für zahllose Situationen für uns bereit. Denn wie die Untersuchungen von David Myers gezeigt haben, hat es zunächst eine enorme Wirkung auf uns selbst, wenn wir lächeln, egal, ob uns danach zumute ist oder nicht. Allein die Tatsache, dass wir ein Lächeln »aufsetzen«, führt dazu, dass sich unsere Stimmung verbessert. Unsere Mimik beeinflusst erwiesenermaßen unseren Hormonspiegel. Runzeln wir die Stirn, kommt es zur Ausschüttung der Stresshormone Cortisol, Adrenalin und Noradrenalin. Sie führen zu einer Erhöhung des Blutdrucks, schwächen das Immunsystem und steigern die Neigung, für Depressionen und Ängste anfällig zu werden. Lächeln wir dagegen, reduzieren sich diese Hormone im Körper. Stattdessen werden Glückshormone, die sogenannten Endorphine ausgeschüttet, das Immunsystem wird gestärkt, die Muskeln entspannen sich und Heilprozesse werden beschleunigt.

Lächeln wir, verbessert sich also unsere Stimmung, wir werden zuversichtlicher und können ungezwungener und offener auf andere Menschen zugehen. Von einem Augenblick auf den anderen gehört die Welt uns ein Stückchen mehr. Wir sind geerdet und stehen nicht mehr unbewusst »neben uns«. Und mit unserem Lächeln signalisieren wir unserer Umwelt, dass wir sie einladen, mit uns in Kontakt zu treten. Es ist fast so, als würden wir die Arme ausbreiten, um die ganze Welt willkommen zu heißen.

Den Raum mit strahlender Präsenz füllen

Führen Sie diese Übung durch, wenn Sie einmal Lust darauf haben, sie ganz ungezwungen auszuprobieren, und beobachten Sie, was dabei passiert:

Falls Sie ohnehin bester Laune sind und von innen heraus strahlen, wird Ihnen diese Übung sehr leichtfallen. Will das Lächeln nicht von alleine kommen, können Sie sich zunächst der Lächelmeditation zuwenden (s. S. 27). Sobald Sie diese mit einer gewissen Selbstverständlichkeit praktizieren, wird sich das Lächeln in zahlreichen Alltagssituationen relativ mühelos herbeiholen lassen. Probieren Sie es aus, Sie benötigen dazu lediglich den Entschluss, die Übung durchzuführen.

Erinnern Sie sich also daran zu lächeln, bevor Sie einen Raum betreten, in dem sich andere Menschen befinden. Nehmen Sie dieses Lächeln mit in den Raum hinein. Seien Sie sich Ihrer eigenen Präsenz bewusst und achten Sie darauf, wie die anderen auf Sie reagieren. Wie fühlen Sie sich selbst dabei?

Das Gute bei dieser Übung ist, dass Sie selbst bestimmen können, wie lange Sie sie ausdehnen möchten. Falls Ihnen Ihr eigenes Lächeln zu offensiv erscheint und Sie lieber wieder in den Hintergrund treten möchten, können Sie das jederzeit tun. Manchmal fordert es uns schon zu sehr, offen auf andere Menschen zuzugehen, und sicher ist nicht jeder Tag, jede Situation gleich gut dafür geeignet. Führen Sie diese Übung daher wirklich nur durch, wenn Sie Lust auf dieses Experiment haben, denn wahrscheinlich wird Ihnen eine gewisse positive Aufmerksamkeit zuteil, wenn Sie strahlend den Raum betreten und den Augenkontakt mit anderen nicht scheuen. Falls Sie sich darauf einlassen, werden Sie mit großer Wahrscheinlichkeit wunderbare Situationen erleben.

Sollte Ihnen diese Übung sehr schwerfallen, können Sie Ihren eigenen Auftritt vorab mental inszenieren, indem Sie sich die Situation vor Ihrem inneren geistigen Auge vorstellen. Malen Sie sich aus, wie Sie mit einem strahlenden Lächeln den Raum betreten und sich durch diese Haltung in Kontakt mit den anderen Menschen bringen. Lassen Sie die Szene wie einen Film weiterlaufen.

Die Übung lässt sich auch gut auf andere Bereiche erweitern. Sie können sie zum Beispiel beim Einkaufen im Supermarkt durchführen, aber auch auf dem Kinderspielplatz, im Fitnessstudio, bei einem Theaterbesuch ...

*Tauche in Erfahrung ein, solange du noch
lebst. Denke daran, vergiss es nicht, solange
du lebst. Was du »Erlösung« nennst, gehört in
die Zeit vor deinem Tod.*

KABIR

Die Botschafter des Glücks

Vor einigen Jahren telefonierte ich einmal mit einer guten Freundin, die gerade für längere Zeit im Ausland war, weil sie im Rahmen ihrer beruflichen Tätigkeit an einem Projekt arbeitete. Sie hatte sich noch nicht so recht eingelebt und während unseres Gesprächs wurde deutlich, dass sie ihre Familie und Freunde in Deutschland sehr vermisste. Sie fühlte sich einsam und zweifelte daran, dass sie die Kraft aufbringen würde, neue Kontakte zu knüpfen und Freunde zu finden. Obwohl sie normalerweise eine selbstbewusste, energiegeladene und optimistische Powerfrau war, die neue Situationen beherzt und pragmatisch in Angriff nahm und offen auf andere Menschen zugehen konnte, erlebte sie einen Moment, in dem sie sich ausgelaugt und deprimiert fühlte. Ich spürte, wie gut es ihr getan hätte, einen vertrauten Menschen in der Nähe zu haben, der sie einfach in den Arm nahm und ihr half, das Gefühl der Einsamkeit zu überbrücken. Ich versuchte, ihr am Telefon etwas Beistand zu leisten, und sagte ihr, dass sie sich einfach etwas Zeit geben sollte. Außerdem erinnerte ich sie daran, dass sie eine starke Persönlichkeit war und sich auf sich selbst verlassen konnte. Ich war sicher, dass sie bald neue Kontakte knüpfen und sich in der neuen Situation zurechtfinden würde. Während ich ihr all diese Dinge sagte, merkte ich zwar, dass die Worte ihr guttaten, sie die Entfernung, die zwischen uns lag, aber schmerzlich spürte. Da hatte ich die folgende Idee. Ich sagte zu ihr: »Der erste Vogel, den du ab jetzt siehst, bringt dir einen persönlichen Gruß von mir. Folge ihm mit deinen Augen und lass den Gruß in dein Herz, denn er stammt von mir.« Die Idee gefiel ihr und bevor wir unser Gespräch beendeten, sagte sie noch: »Da bin ich ja neugierig, welchen Vogel ich als Nächstes sehen werde.« Allein die Vorstellung, dass ein Lebewesen ihr eine Botschaft überbringen würde, schien sie zu trösten und lenkte ihre Gedanken etwas von dem Gefühl der Einsamkeit ab. Etwa eine halbe Stunde später schrieb sie mir eine E-Mail:

Liebe Bettina,

stell dir vor, was gerade passiert ist. Ich habe gespannt auf deinen Vogelbotschafter gewartet und immer wieder aus dem Fenster hinausgesehen. Du wirst es nicht glauben, aber vor ein paar Minuten kam ausgerechnet ein Huhn um die Ecke des Hauses herumgelaufen. Ich hatte mir irgendeinen Vogel in der Luft vorgestellt, eine Amsel, vielleicht sogar einen Falken oder Bussard, aber mit einem Huhn habe ich am allerwenigsten gerechnet und ich musste herzhaft lachen, als ich es sah. Das hat mir so richtig gutgetan!

Ist das nicht eine nette Geschichte? Und warum sollten wir nicht zwischendurch einen Gruß an uns selbst auf die Reise schicken und uns überraschen lassen, welcher nette Botschafter ihn uns überbringt?

Wenn Sie etwas Aufmunterung gebrauchen können oder sich einfach kurz entspannen oder etwas Gutes tun wollen, dann schicken Sie doch einfach einen Glücksgruß in die Welt hinaus und lassen ihn sich von dem nächsten Vogel oder auch von dem nächsten anderen Lebewesen, das Sie sehen, überbringen. Seien Sie gespannt auf Ihren persönlichen Botschafter, öffnen Sie sich für die Welt und lächeln Sie, wenn Sie den Überbringer der Botschaft entdecken.

Es ist gut und tut gut, auch für sich selbst
»ein aufmerksames Herz« zu haben.
Es ist gut und tut gut, auch sich selbst nicht
»fremd« zu sein.
Es ist gut und tut gut, auch (zu) sich selbst
»gut« zu sein.
Es ist gut und tut gut, auch für sich selbst
»da« zu sein.

BERNHARD VON CLAIRVAUX

Bernhard von Clairvaux – Gönne dich dir selbst

Die Lebensregeln auf der gegenüberliegenden Seite stammen von Bernhard von Clairvaux (um 1090–1153), dem Gründer und ersten Abt des Klosters Clairvaux und einem der bedeutendsten Mönche des Zisterzienserordens, den er über ganz Europa verbreitete. Diese Lebensregeln lesen sich wie ein guter Rat für alle, die heutzutage vom Burnout betroffen sind oder Gefahr laufen, in diese Falle der Selbstausbeutung zu geraten. Sie richten sich auch an alle, die sich selbst nicht genug Aufmerksamkeit schenken und ihre eigenen Bedürfnisse zu sehr vernachlässigen, weil sie sich zu stark auf das Wohl anderer ausrichten, stets für alle anderen da sind, nur nicht für sich selbst. Auf der folgenden Seite finden Sie einen Auszug aus einem berühmten Brief Clairvaux' an seinen ehemaligen Schüler, Papst Eugen III. Darin ermahnt Bernhard auch diesen, sich nicht zu sehr in der Arbeit zu verzetteln, sich angesichts zahlreicher Verpflichtungen, denen er gerecht werden will, nicht selbst zu verlieren, sich nicht fremd zu werden, sondern hin und wieder die eigenen Bedürfnisse in den Vordergrund zu stellen, Einkehr zu halten und zur Ruhe zu kommen. Mit bestechender Klarheit und Eindringlichkeit weisen seine Worte uns auch heute noch darauf hin, dass wir anderen gegenüber nicht »gut« sein können, wenn wir uns selbst missachten.

Die Aufforderung »Gönne dich dir selbst« ist ein wichtiger Wegweiser für den Pfad zum Glück, dessen Anfang wir stets in uns selbst suchen sollten.

Aus einem Brief Bernhard von Clairvaux an Papst Eugen III

Es ist viel klüger, du entziehst dich von Zeit zu Zeit deinen Beschäftigungen, als dass sie dich ziehen und dich nach und nach an einen Punkt führen, an dem du nicht landen willst. Wenn du dein ganzes Leben und Erleben völlig ins Tätigsein verlegst und keinen Raum mehr für die Besinnung vorsiehst, soll ich dich da loben? Darin lob ich dich nicht (...). Wie kannst du aber voll und echt Mensch sein, wenn du dich selbst verloren hast? Auch du bist ein Mensch. Damit deine Menschlichkeit allumfassend und vollkommen sein kann, musst du also nicht nur für alle anderen, sondern auch für dich selbst ein aufmerksames Herz haben. Denn was würde es dir sonst nützen, wenn du – nach dem Wort des Herrn – alle gewinnen, aber als einzigen dich selbst verlieren würdest? Wenn also alle Menschen ein Recht auf dich haben, dann sei auch du selbst ein Mensch, der ein Recht auf sich selbst hat. Warum sollest einzig du selbst nichts von dir haben? (...) Wie lange noch schenkst du allen anderen deine Aufmerksamkeit, nur nicht dir selber? Du fühlst dich Weisen und Narren verpflichtet und verkennst einzig dir selbst gegenüber deine Verpflichtung? (...) alle schöpfen aus deinem Herzen wie aus einem öffentlichen Brunnen, und du selbst stehst durstig abseits? (...) Ja, wer mit sich selbst schlecht umgeht, wem kann der gut sein? Denk also daran: Gönne dich dir selbst. Ich sag nicht: Tu das immer; ich sage nicht: Tu das oft; aber ich sage: Tu es immer wieder einmal. Sei wie für alle anderen auch für dich selbst da, oder jedenfalls sei es nach allen anderen.

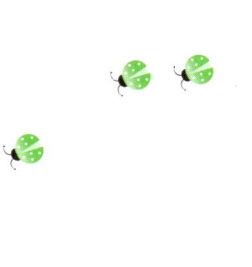

Eine Glücksinsel finden

 Das Glück liegt in uns, nicht in den Dingen.
BUDDHA

Eine regelmäßige Meditationspraxis hat zahlreiche positive Wirkungen. Sie sorgt für körperliche und geistige Entspannung, bietet uns eine Auszeit von unseren Alltagsproblemen und -sorgen und fördert unsere innere Ausgeglichenheit und Belastbarkeit. Überdies – das belegen wissenschaftliche Studien – kann die Meditation sich günstig auf potenziell schädliche Faktoren wie Stress oder Bluthochdruck auswirken und das Immunsystem stärken. Der Buddhismus macht sich die vielfältigen Wirkungen der Meditation seit Jahrtausenden zunutze und setzt sie darüber hinaus als Mittel für die spirituelle Entwicklung ein, deren höchstes Ziel am Ende die Erleuchtung ist. Nach buddhistischem Verständnis führt die Meditation zu tiefer innerer Ruhe, geistiger Klarheit und letztlich zu wahrer Freude, Liebe und höchstem Glück.

Wenn Sie zunächst einmal in die Praxis der Meditation »hineinschnuppern« möchten, empfiehlt es sich, mit der Atemmeditation zu beginnen. Diese Meditationsform ist die Basis für die Achtsamkeitsmeditation, die im Anschluss daran vorgestellt wird.

Die Atemmeditation

Suchen Sie nach Möglichkeit einen ruhigen Ort auf, an dem Sie nicht gestört werden. Tragen Sie bequeme lockere Kleidung. Nehmen Sie nun eine angenehme Meditationshaltung ein. Für Ungeübte empfiehlt es sich, auf einem Stuhl zu sitzen. Der Rücken ist dabei gerade. Die Hände liegen mit den Handflächen nach urten flach auf den Oberschenkeln. Die Fußsohlen stehen fest auf dem Boden. Die Schultern sind entspannt und leicht nach hinten genommen. Der Kopf ist etwas nach vorne geneigt. Die Augen sind halb geschlossen und blicken entspannt zu Boden, ohne etwas zu fixieren. Wenn Sie das anfangs zu sehr ablenkt, können Sie Ihre Augen zur besseren Versenkung auch ganz schließen und im Laufe Ihrer Meditationspraxis üben, sie offenzuhalten. Das Gesicht ist entspannt und die Zungenspitze liegt locker oben am Gaumen hinter der oberen Zahnreihe. (Geübte können auch den Lotussitz einnehmen; Ungeübte sollten sich allerdings nur unter Anleitung eines erfahrenen Meditationslehrers daran versuchen!) Wenn Sie möchten, können Sie den Körper vorher etwas lockern, indem Sie sich zum Beispiel etwas strecken und dehnen, Ihre Arme und Beine ausschütteln oder sanft mit dem Kopf kreisen.

Richten Sie Ihre Aufmerksamkeit nun entspannt auf Ihren Atem. Beobachten Sie, wie er durch Ihre Nase ein- und ausströmt. Spüren Sie den leichten Luftzug an der Nase, in der Nase und an der Oberlippe. Versuchen Sie nicht, den Atemfluss zu steuern. Lassen Sie den Atem einfach kommen und gehen ... achten Sie auf die Pause zwischen dem Ausatmen und dem Einatmen ... spüren Sie, wie die Luft wieder einströmt ... und achten Sie dann auf die Pause zwischen Ein- und Ausatmung ... spüren Sie, wie die Luft wieder ausströmt ... lassen Sie Ihrer Atmung freien Lauf ... Ihre Aufmerksamkeit ist ganz auf den gegenwärtigen Moment gerichtet. Genießen Sie das Gefühl der inneren Ruhe und Entspannung und bleiben Sie sich Ihrer Atmung bewusst. Wenn Ihre Gedanken abschweifen, führen Sie sie sanft wieder zu Ihrem Atem zurück. Beenden Sie die Meditation mit einer Ausatmung, öffnen Sie die Augen, falls Sie sie geschlossen hatten, und stehen Sie dann langsam auf.

Die Achtsamkeitsmeditation

Die Praxis der Achtsamkeitsmeditation ist ein hervorragendes Mittel, um mit negativen Gefühlen wie schlechter Laune und Ärger umzugehen oder einfach zu einer inneren Balance, geistigen Ruhe und Klarheit zu gelangen. Mithilfe dieser Meditationsform können wir leichter erkennen, was in einem bestimmten Moment tatsächlich geschieht, und sind daher in der Lage, angemessener darauf zu reagieren. Darüber hinaus entwickeln wir ein Bewusstsein dafür, vollkommen im Hier und Jetzt zu sein. Die moderne Wissenschaft hat überdies festgestellt, dass die Meditation sich bei Geübten positiv auf die Hirnströme auswirkt. Es treten vermehrt Alphawellen auf, ein Zeichen für tiefe Gelöstheit.

Wenn Ihnen die Atemmeditation guttut und Sie Lust darauf haben, eine vertiefte Meditationstechnik auszuprobieren, können Sie sich der Achtsamkeitsmeditation widmen.

Suchen Sie einen ruhigen Ort auf, an dem Sie nicht gestört werden, und nehmen Sie eine bequeme Meditationshaltung ein. Entspannen Sie Ihre Schultern, Ihren Nacken und Ihre Gesichtsmuskeln und richten Sie Ihre Aufmerksamkeit dann auf den Atem (s. »Atemmeditation«, S. 83).

Wenn Sie einige Male bewusst ein- und ausgeatmet haben, versuchen Sie, alle Gedanken, inneren Bilder und Empfindungen bewusst wahrzunehmen, egal, worum es sich dabei handelt. Seien Sie ein neutraler Beobachter, der alles wie einen unaufhörlichen Strom an sich vorbeiziehen lässt, ohne dabei bewertend einzugreifen. Achten Sie auf jedes Gefühl, auf jede Stimmung, egal, ob es sich um Freude, Liebe, Unsicherheit, Eifersucht, Ärger, Zufriedenheit oder was auch immer handelt. Lassen Sie Ihre Gedanken und Emotionen kommen und gehen. Falls Sie sich von den Bildern und Eindrücken überwältigt fühlen oder Sie sich zu sehr in Ihren Gedanken verlieren, kehren Sie einfach wieder zu Ihrem Atem zurück, bis Sie sich wieder gesammelt haben. Dann wenden Sie Ihre Aufmerksamkeit erneut von Ihrem Atem ab und richten sie wieder auf all die Dinge, die in Ihr Bewusstsein dringen.

Machen Sie anfangs nach fünf Minuten eine kleine Pause und setzen Sie die Meditation dann noch zwei Mal jeweils fünf Minuten lang fort. Allmählich können Sie Ihre Meditationssitzung auf 30 Minuten steigern.

Falls Sie sich unsicher fühlen oder die Meditation Ihnen unangenehm ist, sollten Sie nur unter der Anleitung eines erfahrenen Meditationslehrers weiterüben, der Ihnen die nötige Hilfestellung und Sicherheit geben kann.

Der Körper als Glücksgenerator

Glücklich ist nicht,
wer anderen so vorkommt,
sondern wer sich selber dafür hält.

SENECA

Die Gehirnforschung liefert uns interessante Erkenntnisse zum Thema Glück. Zum großen Teil ist es nämlich eine Sache der Chemie. Stehen die richtigen Hormone in ausreichendem Maße zur Verfügung, reagieren die Gehirnzellen darauf und versorgen uns mit Glücksgefühlen. Ausschlaggebend kann (neben zahlreichen anderen Faktoren, wie der positiven Hormonausschüttung beim Sex) ein hoher Serotoninspiegel sein. Diesen können wir mithilfe der Ernährung bewusst fördern. Auf eine kurze Formel gebracht heißt das: Glück kann man (auch) essen.

Eine Kombination von Lieferanten der Aminosäure Tryptophan (zum Beispiel Käse und Nüsse) mit Kohlenhydraten (etwa Kartoffeln, Nudeln, Getreide oder Reis) kann für gute Laune sorgen. Tryptophan ist eine Substanz, die mithilfe von Kohlenhydraten ins Gehirn gelangt und dort zu Serotonin aufgebaut wird. Besonders förderlich für den Serotoninspiegel sind Mood-Foods wie Walnüsse (sie sind unter den genannten der absolute Spitzenreiter), Bananen, Ananas, Kiwis, Pflaumen, Tomaten, Kakao und natürlich unsere geliebte Schokolade.

Auch Chili, Ingwer, Koriander oder Vanille gehören übrigens in die erste Reihe der Glücksnahrungsmittel.

Bekanntermaßen fördern auch Sport und Meditation die Ausschüttung von Glückshormonen, den sogenannten Endorphinen.

Wenn Sie auf eine harmonische Balance zwischen Anspannung und Entspannung achten, sich ausreichend bewegen und sich gesund ernähren, dann wird Ihr Körper Sie mit zahlreichen Glücksgefühlen belohnen.

Das Wunder der Musik

Musik kann wahre Wunder wirken. Sie ist unmittelbar und vermag uns von einem Augenblick zum nächsten in eine andere Stimmung zu versetzen. Es scheint so selbstverständlich zu sein, dass Musik unterschiedlichste Gefühle bei uns hervorrufen kann, aber wie häufig vergessen wir, dieses großartige Mittel bewusst einzusetzen. Manchmal hören wir zufällig einen Song im Radio, in einem Geschäft oder in einer Kneipe und lassen uns von der Stimmung, die uns die Musik vermittelt, mitnehmen. Auch das ist jedes Mal eine wunderbare Erfahrung. Aber wir sollten nicht nur auf diese zufälligen Momente warten, sondern das wunderbare Instrument der Musik gezielt für uns nutzen.

Manchmal wenn ich einen Energieschub brauche oder meine Stimmung positiv verändern möchte, wähle ich einige Musiktitel aus einer bewährten Sammlung meiner persönlichen Gute-Laune-Songs aus und drehe die Stereoanlage so richtig laut auf. Meistens kann ich gar nicht anders, als dazu zu tanzen, und innerhalb von ein paar Minuten ist jegliche Lethargie oder Niedergeschlagenheit wie weggeblasen. Der Rhythmus oder manchmal auch eine eingängige Melodie eines kontemplativeren Stücks sorgen automatisch für einen Perspektivenwechsel und können wahre Glücksgefühle in uns hervorrufen, wenn die Musik uns auf irgendeine Weise anrührt und unser Herz trifft.

Sicherlich können Sie sofort einige Lieblingsmusikstücke nennen, die Sie immer wieder gerne hören. Und bestimmt sind ein paar dabei, die für Sie richtige »Gute-Laute-Musik« sind. Wenn Sie sich in eine positive Stimmung versetzen wollen, hören Sie sich ein paar Ihrer persönlichen, bewährten Lieblingsstücke an. Natürlich können Sie auch langsame, getragene Musik hören, wenn Ihnen der Sinn danach steht und Sie genau dadurch einen kleinen oder auch großen Glücksmoment bei sich hervorzurufen vermögen. Sie selbst wissen am besten, welche Musik welche Emotionen bei Ihnen auslöst. Wichtig ist nur, dass Sie die Musik nicht vergessen. Erinnern Sie sich stets daran, wie wunderbar sie wirken kann, und nutzen Sie dieses großartige Mittel.

Da ich mich selbst immer über neue Entdeckungen und gute Musiktipps freue, liste ich Ihnen hier ein paar Musiktitel auf, die Sie anhören können, wenn Sie gerade Lust dazu haben. Die Auswahl ist natürlich sehr begrenzt und ließe sich schier endlos erweitern. Ich habe sie nicht systematisch getroffen, sondern meinen spontanen Impulsen folgend, während ich beim Schreiben dieses Textes die Musik des Buena Vista Social Clubs hörte, die in mir ein tiefes Glücksgefühl erzeugt.

Alle Titel sind im Internet auf www.youtube.de zu finden:

KARUNESH
Earth Spirit

CELIA CRUZ
La vida es un carnaval

BUENA VISTA SOCIAL CLUB
Buena Vista Social Club

NICKLEBACK
How You Remind Me

TOURE KUNDA
Emma

AFRICANDO
Aïsha

JAY-Z, ALICIA KEYS
Empire State of Mind

Inspirierende Videos

Ein bescheidenes Glück –
die beste Form des Glückes.

THEODOR FONTANE

So wie die Musik können auch Bücher, Vorträge oder Filme Glücksmomente in uns auslösen. Ich möchte Ihnen hier zwei kurze Videos vorstellen, die mich besonders bewegen, inspirieren und, ja, beim Ansehen auch jedes Mal ein Stückchen glücklich machen. Sie sind mittlerweile sehr verbreitet und möglicherweise haben Sie die Videos bereits auf anderem Weg kennengelernt – etwa zufällig beim Surfen im Internet oder weil Bekannte Ihnen die entsprechenden Links geschickt haben. Doch falls dies nicht der Fall sein sollte, lassen Sie sich doch einfach mal auf dieses Experiment ein und sehen Sie sich in einem Moment, in dem Sie die Muße dafür haben, diese kurzen Filme an. Ich selbst durfte sie auf einem Vortrag des amerikanischen Autors John Strelecky kennenlernen und konnte mich der positiv-verrückten Stimmung, die sie vermitteln, nicht entziehen. Danke John, für diese wunderbare Inspiration!

Hier die Links zu den beiden Videos:

Where the hell is Matt?
  http://www.youtube.com/watch?v=zlfKdbWwruY

Der Amerikaner Matt Harding reiste um die ganze Welt, tanzte in den Ländern, die er besuchte, seinen verrückten, skurrilen Tanz und stellte ein Video darüber ins Internet. Ein Kaugummihersteller wurde darauf aufmerksam und sponserte nun weitere Reisen Hardings, bei denen er nicht mehr alleine tanzte, sondern mit Einwohnern der jeweiligen Länder.

Free Hugs Campaign
  http://www.youtube.com/watch?v=vr3x_RRJdd4

Als der Australier Juan Mann einmal von einer Auslandsreise in seine Heimat zurückkam, beobachtete er, wie die Menschen am Flughafen ihre Freunde und Angehörigen umarmten, von denen sie abgeholt wurden. Er selbst fühlte sich in diesem Moment einsam, weil er von niemandem abgeholt wurde. Da hatte er die Idee, die sogenannte Free Hugs Campaign zu starten, und er begann sich auf öffentliche Plätze zu stellen und Passanten zu umarmen ... den Rest erzählt das Video.

In der Einfachheit liegt die Kraft

Es tut sehr gut, zwischendurch in unserem Leben aufzuräumen und uns von unnötigem Ballast zu trennen. Das ist fast schon eine Art Allgemeinplatz geworden und zahlreiche Ratgeber befassen sich ausschließlich mit diesem Thema. Die äußere Ordnung sagt häufig etwas über unsere innere Ordnung aus, auch wenn diese Erkenntnis nicht in jeder Situation und auf jeden von uns zutrifft. Aber wenn wir selbst das Gefühl haben, dass wir wieder einmal gründlich »durchräumen« sollten, um eine größere Einfachheit, Klarheit und somit letztlich eine größere Zufriedenheit zu erreichen, können wir zur Unterstützung eine Übung machen, die sich sehr bewährt hat. Denn die meisten von uns haben Probleme damit, sich von Dingen, die sie einmal angehäuft haben, zu trennen. Als ich zum ersten Mal von dieser Übung gehört habe, hat sie mich sofort überzeugt, es hat sozusagen »Klick« bei mir gemacht.

Wenn Sie also mehr Ordnung in Ihr Leben bringen und sich von unnötigen Dingen trennen möchten, die sich als Ballast erweisen, der Sie blockiert und Ihnen Ihre Aufmerksamkeit raubt – überquellende Schubläden, ein vollgestopfter Kleiderschrank, überall in der Wohnung auftauchender Krimskrams, der lediglich vollstaubt und Platz wegnimmt ... dann führen Sie die folgende Übung durch:

Stellen Sie sich vor, in Ihrer Wohnung oder Ihrem Haus hat es gebrannt. All Ihre Habseligkeiten sind den Flammen zum Opfer gefallen. Sie befinden sich aber in der glücklichen Situation, gut versichert zu sein, sodass Sie alles, was Ihnen wichtig ist, ersetzen können. In der Vorstellung ist es natürlich auch problemlos möglich, persönliche Erinnerungsstücke mühelos zurückzubekommen – das Reich der Fantasie ist grenzenlos, Sie erhalten also alles wieder, was Ihnen wichtig ist. Welche Dinge würden Sie sich erneut besorgen? Worauf würden Sie keinen Wert mehr legen? Misten Sie auf diese Weise intensiv aus. Sie können diese Übung auch für verschiedene Unterbereiche durchführen. Gehen Sie im Geiste Ihre Einrichtungsgegenstände durch, ein anderes Mal nehmen Sie sich Ihren Kleiderschrank vor und bei der nächsten Gelegenheit sortieren Sie Kosmetikartikel im Bad aus.

Gehen Sie nun durch Ihre Wohnung und sortieren Sie zumindest einen Gegenstand aus. (Wenn Sie sich von mehreren Dingen trennen können, umso besser.) Achten Sie darauf, wie es Ihnen dabei geht. Vielleicht macht sich ja ein befriedigendes Gefühl der Erleichterung breit. Für mich selbst sind solche Aktionen stets einen Eintrag in mein Glückstagebuch wert.

Glückstests

Glück und Unglück sind Namen für Dinge,
deren äußerste Grenzen wir nicht kennen.

JOHN LOCKE

Der Glücksforscher Ed Diener hat einen Fragebogen zur Zufriedenheit mit dem Leben entwickelt, der international häufig eingesetzt wird. Wenn Sie Lust haben, können Sie ihn für sich ausfüllen. Er kann Ihnen Aufschluss darüber geben, wie Sie Ihre Lebenszufriedenheit im Moment bewerten und das Leben ganz generell betrachten.

Im Folgenden finden Sie fünf Aussagen, die Sie mit einer Punktzahl von 1 bis 7 bewerten können. Dabei gibt es keine »richtigen« oder »falschen« Antworten. 1 Punkt bedeutet »Ich stimme überhaupt nicht zu«, 7 Punkte bedeuten »Ich stimme absolut zu«. Kreuzen Sie jeweils die zutreffende Antwort an.

	1 2 3 4 5 6 7
1. Mein Leben entspricht überwiegend meinen Idealvorstellungen.	O O O O O O O
2. Meine Lebensbedingungen sind hervorragend	O O O O O O O
3. Ich bin mit meinem Leben zufrieden.	O O O O O O O
4. Bislang habe ich die wichtigen Dinge in meinem Leben erreicht.	O O O O O O O
5. Wenn ich mein Leben noch einmal leben könnte, würde ich fast nichts ändern.	O O O O O O O

Gesamtsumme: ...

Addieren Sie nun die Punkte, die Sie angekreuzt haben, und tragen Sie das Ergebnis bei der Gesamtsumme ein. Je größer die Punktzahl ist, desto zufriedener sind Sie mit dem Leben insgesamt. Erreichbar ist eine Punktzahl zwischen 5 und 35.

Zum Vergleich: Eine Befragung von 176 Studenten der Universität Illinois ergab einen durchschnittlichen Zufriedenheitswert von 24 Punkten.

Summe aller Punkte	Lebenszufriedenheit
35–31	Extrem zufrieden
30–26	Zufrieden
25–20	Relativ zufrieden
19–15	Weniger unzufrieden
14–10	Unzufrieden
9–5	Extrem unzufrieden

Der folgende Fragebogen des britischen Sozialpsychologen Michael Argyle, das sogenannte *Oxford Happiness Inventory*, berücksichtigt viele verschiedene Glücksaspekte.

Kreuzen Sie jeweils die zutreffende Antwort an	Trifft nicht zu 0 Pkt.	Trifft kaum zu 1 Pkt.	Trifft sehr zu 2 Pkt.	Trifft voll zu 3 Pkt.
1. Ich bin sehr zufrieden damit, wie ich bin.	O	O	O	O
2. Ich interessiere mich sehr für andere Menschen.	O	O	O	O
3. Ich finde, es lohnt sich sehr zu leben.	O	O	O	O
4. Ich hege warmherzige Gefühle für die meisten Menschen.	O	O	O	O
5. Beim Aufwachen fühle ich mich meistens erholt.	O	O	O	O
6. Ich sehe der Zukunft sehr optimistisch entgegen.	O	O	O	O
7. Die meisten Dinge erheitern mich.	O	O	O	O
8. Ich bin bei allem sehr engagiert.	O	O	O	O
9. Das Leben ist gut.	O	O	O	O
10. Ich glaube, die Welt ist ein guter Ort.	O	O	O	O
11. Ich lache viel.	O	O	O	O
12. Ich bin sehr zufrieden mit allem in meinem Leben.	O	O	O	O
13. Ich glaube, ich sehe attraktiv aus.	O	O	O	O
14. Vieles von dem, was ich tun wollte, habe ich gemacht.	O	O	O	O
15. Ich bin sehr glücklich.	O	O	O	O

16. Ich sehe die Schönheit
    in manchen Dingen.   O   O   O   O
17. Ich wirke stets fröhlich auf
    andere.   O   O   O   O
18. Ich finde stets Zeit für alles,
    was ich tun möchte.   O   O   O   O
19. Ich glaube, dass ich mein Le-
    ben ganz gut im Griff habe. O   O   O   O
20. Ich traue mir die meisten
    Dinge zu.   O   O   O   O
21. Ich fühle mich geistig sehr
    wach.   O   O   O   O
22. Ich fühle mich oft fröhlich
    und in Hochstimmung.   O   O   O   O
23. Es fällt mir leicht,
    Entscheidungen zu treffen. O   O   O   O
24. Ich habe das Gefühl, dass mein
    Leben einen Sinn hat.   O   O   O   O
25. Ich finde, dass ich viel Energie
    habe.   O   O   O   O
26. Meistens habe ich einen
    Einfluss auf die Dinge.   O   O   O   O
27. Ich habe Spaß mit anderen
    Menschen.   O   O   O   O
28. Ich fühle mich sehr gesund. O   O   O   O
29. Ich habe glückliche
    Erinnerungen an die
    Vergangenheit.   O   O   O   O

Punkte pro Spalte: ...   .

Gesamtpunktzahl: ...

Zählen Sie nun zunächst die Punkte in den einzelnen Spalter zusammen und ermitteln Sie dann Ihre Gesamtpunktzahl.

Die maximale Gesamtpunktzahl beträgt 87. Je nachdem, wie viele Punkte Sie erhalten haben, gibt dies – den Kriterien dieses Fragebogens zufolge – Aufschluss darüber, wie glücklich Sie im Allgemeinen sind.

Michael Argyle hat den Fragebogen von verschiedenen Gruppen ausfüllen lassen. Hier zum Vergleich einige Testergebnisse, die Bernd Hornung in seinem Buch ›Was uns wirklich glücklich macht‹ anführt.

Gruppen	Durchschnittliche Punktzahl
Mitglieder von Sportvereinen	44
Fans von Soaps im Fernsehen	42
Regelmäßige Kirchgänger	42
Chormitglieder	41
Studenten der Universität Oxford	38

Es kann sehr interessant sein, den Test zu einem späteren Zeitpunkt noch einmal zu wiederholen und die Ergebnisse miteinander zu vergleichen. So können Sie beobachten, ob und wenn ja, wie sich Ihr Glücksempfinden verändert.

Der internationale Glücksindex

Das höchste Glück des Lebens besteht
in der Überzeugung, geliebt zu werden.
VICTOR HUGO

Glücksforscher haben in den letzten Jahrzehnten umfangreiche Daten erhoben, um festzustellen, in welchen Ländern der Welt die Menschen am glücklichsten sind. Mittlerweile sind zahlreiche Studien und Statistiken zu diesem Thema erschienen.

Der Psychologe Adrian White von der britischen Universität Leicester hat im Jahr 2006 eine Auswertung von 100 dieser Umfragen vorgestellt, in denen insgesamt circa 80 000 Menschen aus 178 Ländern befragt worden waren. Die Ergebnisse mögen für manche überraschend sein. Nur so viel sei vorab verraten: Die glücklichsten Menschen leben nicht etwa auf tropischen Inseln mit traumhaften Sandstränden! Aber bevor wir uns die Länder im Vergleich ansehen, können Sie selbst einmal mitraten: Was würden Sie vermuten – auf welchem Rang befindet sich Deutschland dem internationalen Glücksindex Adrian Whites zufolge? Belegt es einen der Spitzenplätze, ist es im Mittelfeld zu finden oder bildet es eins der Schlusslichter?

Ländervergleich

Nun, Deutschland liegt in diesem Ländervergleich gar nicht so schlecht: Es befindet sich auf Platz 35. Am glücklichsten sind die Dänen, gefolgt von den Schweizern und den Österreichern. Auf den darauffolgenden Plätzen liegen Island, die Bahamas, Finnland und Schweden, dann kommen Bhutan, Brunei und Kanada – die USA befinden sich im Vergleich zu Kanada (Platz 10) relativ weit abgeschlagen auf Platz 23. Die letzten Plätze belegen der Kongo, Zimbabwe und Burundi. Im Vergleich zu den Briten (Platz 41) und den Franzosen (Platz 62) haben die Deutschen in Sachen Glück die Nase vorn.

Als wichtigste Glücksfaktoren nennt White Gesundheit, Wohlstand und Bildung. Im internationalen Ländervergleich verhält es sich bei diesen Kriterien so wie beim Reichtum: Sind die Grundbedürfnisse erst einmal befriedigt, wird ab einem gewissen Niveau das Glücksempfinden kaum größer.

Interessant ist auch die Beobachtung, dass »Sonnenscheinländer« gegenüber trüberen, regenreicheren Ländern nicht klar im Vorteil sind. So liegt Island (Platz 4) vor den Bahamas (Platz 5) und Norwegen (Platz 19) vor den Seychellen (Platz 20).

Ebenfalls ausschlaggebend für das Glücksempfinden können Faktoren wie Demokratie, Menschenrechte oder ein hohes Maß an Selbstbestimmung sein – darin sind sich die meisten Forscher einig.

Schneiden Länder auf der Glücksskala sehr schlecht ab, liegt das häufig an instabilen politischen und wirtschaftlichen Verhältnissen.

Die Tatsache, dass die skandinavischen Länder auch bei anderen Umfragen in der Regel sehr weit vorne liegen, begründen Forscher damit, dass die Schere in der Gesellschaft dort nicht so stark auseinanderklafft. Und wie der niederländische Glücksforscher Ruut Veenhoven erläutert, werden die Bürger in diesen Ländern während ihres ganzen Lebens auf eine sehr fürsorgliche Weise vom Staat begleitet. Das System garantiert seinen Bürgern nicht, dass sie glücklich werden, aber es bewahrt sie davor, Dinge zu tun, die sie unglücklich machen würden, wie der amerikanische Anthropologe Jonathan Swartz einmal festgestellt hat.

Und hier eine Übersicht zu den 20 glücklichsten Ländern der Welt

1. Dänemark
2. Schweiz
3. Österreich
4. Island
5. Bahamas
6. Finnland
7. Schweden
8. Bhutan
9. Brunei
10. Kanada
11. Irland
12. Luxemburg
13. Costa Rica
14. Malta
15. Niederlande
16. Antigua und Barbuda
17. Malaysia
18. Neuseeland
19. Norwegen
20. Die Seychellen

23. USA	82. China
35. Deutschland	90. Japan
41. Vereinigtes Königreich	125. Indien
62. Frankreich	167. Russland

Beispiel Dänemark

Sieht man sich das Beispiel des in vielen Studien führenden Dänemark etwas genauer an, wird noch deutlicher, warum Länder wie dieses in Sachen Glück so gut funktionieren. Wie der Glücksforscher Dan Buettner zeigt, hat Dänemark in den letzten eineinhalb Jahrhunderten zahlreiche Sozialleistungen intensiv ausgebaut. Der größte Prozentsatz des Staatshaushalts wird für die Kinderbetreuung ausgegeben. Das Recht auf medizinische Versorgung, Bildung und ein gutes Gehalt ist für die Dänen selbstverständlich. Universitätsstudenten erhalten Stipendien und müssen keine Studiengebühren bezahlen. Die Einkommen der Bürger sind aufgrund des Steuersystems stark angeglichen.

Darüber hinaus scheint der Aspekt der Selbstverwirklichung sowie eine gute Balance zwischen Arbeit und Freizeit eine große Rolle zu spielen. 90 Prozent der Dänen gehören einem Verein oder Club an und fast 40 Prozent engagieren sich ehrenamtlich. Für manche Menschen, die in unserer Gesellschaft finanziell am Rande stehen, dürften diese Verhältnisse fast paradiesisch klingen ...

Natürlich darf man bei den vergleichenden Länderstudien nicht vergessen, dass Glück nie als eindeutige feste Größe messbar ist und bei vielen Erhebungen kulturelle Unterschiede und verschiedene gesellschaftliche Werte vermutlich eine große Rolle spielen. US-Amerikaner schätzen ihr persönliches Glück möglicherweise enthusiastischer ein als die zurückhaltenderen Deutschen oder Asiaten. Trotzdem liefern uns solche Untersuchungen gewisse Anhaltspunkte über mögliche Glücksfaktoren. Und wie Alfred Bellebaum, langjähriger Leiter des Instituts für Glücksforschung in Vallendar einmal gesagt hat: »So verschieden die Glücksziele und -erwartungen sind, einige Konstanten aber gibt es doch – vor allem Liebe, Geborgenheit und Zuneigung.«

Der Kampf zwischen zwei Wölfen

Ein alter Cherokee-Häuptling erzählte eines Abends seinem Enkel eine Legende. Er sagte: »Mein Sohn, der Kampf zwischen zwei Wölfen tobt in jedem von uns. Einer ist böse. Er ist Ärger, Neid, Eifersucht, Sorge, Bedauern, Gier, Arroganz, Selbstmitleid, Schuld, Missgunst, Minderwertigkeit, Lügen, falscher Stolz und Egoismus. Der andere ist gut. Er ist Freude, Frieden, Liebe, Hoffnung, Gelassenheit, Demut, Güte, Wohlwollen, Mitgefühl, Großzügigkeit, Wahrheit und Glaube.« Der Enkel dachte eine Minute darüber nach und fragte seinen Großvater dann: »Und welcher Wolf gewinnt?« Der alte Cherokee antwortete: »Der, den du fütterst.«

NACHERZÄHLT VON BARBARA FREDRICKSON

Quellenverzeichnis

Der Verlag war bemüht alle Rechteinhaber zu ermitteln. Die in diesem Buch verwendeten Zitate und statistischen Erhebungen stammen aus den folgenden Werken und Internetseiten:

Michael Argyle: *The Psychology of Happiness.* Methuen, London u. New York 1987

Dan Buettner: *Thrive. Finding Happiness the Blue Zones Way.* National Geographic, Washington D. C. 2010

Kathleen Chwalisz, Ed Diener, Dennis Gallagher: »Automatic Arousal Feedback and Emotional Feedback Experience: Evidence from the Spinal Cord Injured«, in: *Journal of Personality and Social Psychology,* 1988, Bd. 54

Bernhard von Clairvaux: »Komme zu dir selbst« in *Gotteserfahrung und Weg in die Welt.* Herausgegeben, eingeleitet und übersetzt von Bernardin Schellenberger. Walter Verlag, Olten u. Freiburg 1982, S. 75–77

Mark Easton: »The Recipe for Happiness«, Bericht in der Reihe *The Happiness Formula* des Fernsehsenders BBC 2, 2006 http://news.bbc.co.uk/2/hi/programmes/happiness_formula/ default.stm

Epikur. Philosophie des Glücks. Übersetzt, ausgewählt und mit einem Nachwort versehen von Bernhard Zimmermann. Deutscher Taschenbuch Verlag, C.H. Beck, München 2006

»Der Kampf zwischen zwei Wölfen«, nacherzählt von Barbara
  Frederickson in *Optimismus Teil 5: Gipfel der Glücklichmacher*, FOCUS
  Magazin Nr. 30, 2009

Erich Fromm: »Ich habe die Hoffnung, dass die Menschen ihr Leid
  erkennen: den Mangel an Liebe« in *Der Stern* Nr. 14, 27.3.1980, Abdruck
  mit freundlicher Genehmigung durch den Erich Fromm Estate und
  Liepman AG, Zürich

Erich Fromm: »Haben oder Sein? Die seelischen Grundlagen einer neuen
  Gesellschaft«. Erich Fromm im Gespräch mit Michaela Lämmle und
  Jürgen Lodemann 1977, Abdruck mit freundlicher Genehmigung
  durch den Erich Fromm Estate und Liepman AG, Zürich

Erich Fromm im Interview über das Glück unter:
  http://www.youtube.com/watch?v=AAbKlvpALmg

Ernst Gehmacher: »Das Glück erlernen« in *Glück. The World Book of
  happiness*. Hrsg. v. Leo Bormans. DuMont Buchverlag, Köln 2011, S. 18

Hermann Hesse: »Das Wort Glück« in *Glück. Späte Prosa, Betrachtungen*.
  Suhrkamp, Frankfurt 1984

Uwe-Jean Heuser: »Schneller? Reicher? Glücklicher!« in *DIE ZEIT*,
  05.07.2007 Nr. 28

P. Hills, M. Argyle: »The Oxford Happiness Questionnaire: a compact scale
  for the measurement of psychological well-being« in *Personality and
  Individual Differences*, 33, 2002

Bernd Hornung: *Was uns wirklich glücklicher macht*. 2. aktualisierte und
  verbesserte Auflage. IFG, München 2004

Die Übertragung des Zitats von Kabir auf S. 74 ins Deutsche stammt von
  Ralph Skuban

Neil Pasricha: *Fantastisch. 1000 alltägliche Dinge, die uns glücklich
  machen*. Kailash Verlag in der Verlagsgruppe Random House,
  München 2011

Ders.: www.1000awesomethings.com

Christopher Peterson: »Der Andere in uns« in *Glück. The World Book of Happiness*. Hrsg. v. Leo Bormans. DuMont Buchverlag, Köln 2011

Annemarie Pieper: *Glückssache. Die Kunst gut zu leben*. Deutscher Taschenbuch Verlag, München 2003

Bertrand Russell: *Eroberung des Glücks. Neue Wege zu einer besseren Lebensgestaltung*. Suhrkamp Verlag, Frankfurt 1977

Gisèle Scanlons Internetseite: www.thegoddessguide.com

Dieselbe im Interview mit Stefanie Luxat: »Was macht glücklich, Gisèle Scanlon?« in *Maxi*

Wilhelm Schmid im Interview mit Konstantin Sakkas im *Tagesspiegel* vom 15.07.2007: http://www.tagesspiegel.de/wissen/wohlfuehl-glueck-ist-nichts-von-dauer/987086.html

Gustav Schwab: »Midas« in *Sagen des klassischen Altertums*. Insel Verlag, Frankfurt 1984

Martin E. P. Seligman, Mihaly Csikszentmihalyi: »Positive Psychology. An Introduction« in *American Psychologist*, 2000

Bernhard Sill: »›Gönne dich dir selbst!‹ Eine Lebensregel des Bernhard von Clairvaux« in *Psychologie Heute*, Januar 2007

Ruut Veenhoven: *World Database of Happiness, Distributional Findings in Nations*. Erasmus Universität Rotterdam. http://worlddatabaseofhappiness.eur.nl

Die Ergebnisse der Studie von Adrian White, der einen internationalen Glücksindex erstellte (s. S. 102), sind zu finden unter der Internetadresse: http://www.eurekalert.org/pub_releases/2006-07/uol-uol072706.php (sie basieren auf einer Meta-Studie von N. Marks et al.: *The Happy Planet Index*. London, New Economics Foundation 2006)

Harald Willenbrock im Interview in Wolff Horbach: 77 *Wege zum Glück* @ 2008 GRÄFE UND UNZER VERLAG GmbH, München, S. 43

Weitere Leseempfehlungen

Eva Gesine Baur, Wilhelm Schmid-Bode: *Glück ist kein Zufall*. GRÄFE UND
   UNZER VERLAG, München 2000

Mihaly Csikszentmihalyi: Flow. *Das Geheimnis des Glücks*. Klett Cotta
   Verlag, Stuttgart 1992

Dalai Lama: *Der Weg zum Glück*. Herder, Freiburg, Basel, Wien 2002

Vom Glück. Erkundigungen. Hrsg. v. Gottfried Honnefelder. Insel Verlag,
   Frankfurt 1986

Werner Tiki Küstenmacher, Lothar Seiwert: *Simplify your life. Einfacher
   und glücklicher leben.* Campus Verlag, Frankfurt 2001

Glück. Ein Lesebuch zur Lebenskunst. Hrsg. v. Andrea Löhndorf.
   Deutscher Taschenbuch Verlag, München 2002

Marie Mannschatz: *Buddhas Anleitung zum Glücklichsein. Fünf
   Weisheiten, die Ihren Alltag verändern.* Deutscher Taschenbuch Verlag,
   München 2010

Matthieu Ricard: *Glück.* Nymphenburger, München 2007

Georg Schildhammer: *Glück.* Facultas Verlags- und Buchhandels AG,
   Wien 2009

Was wirklich zählt. Die tiefen Wahrheiten. Hrsg. v. Iris Seidenstricker.
   Deutscher Taschenbuch Verlag, München 2010

Martin Seligman: *Der Glücks-Faktor: Warum Optimisten länger leben.*
   Bastei Lübbe, Köln 2002

Dank

Ich danke wieder einmal dem großartigen Team des Sachbuchlektorats des Deutschen Taschenbuch Verlags für die tolle Unterstützung bei diesem Projekt und dafür, dass ihr an mich geglaubt habt, als ich selbst zwischendurch etwas »wacklig« wurde. Vor allem Katharina Festner, Rosemie Mailänder und Christine Fuchs für ihren herausragenden Einsatz – Eure Liebenswürdigkeit ist einfach unglaublich!

Herzlichen Dank auch an Bernd Schumacher von der Herstellung für das entzückende Layout und die Gestaltung des Buchs in Rekordzeit.

Meinen Eltern und Geschwistern danke ich für ihre Liebe, den »Life-Support« und ihre Nachsicht, wenn ich manchmal keinen Sinn mehr für »rechts oder links« hatte, weil sich meine Gedanken so intensiv um das Thema Glück drehten. Ich bin sehr dankbar, dass ich in Eurer Nähe sein kann.

Max, Dir danke ich für unsere wunderbare Begegnung. Du hast mich genau im richtigen Moment erkannt.

Und nicht zuletzt danke ich Peter für so vieles und dafür, dass Du weiterkämpfst. Ich wünsche Dir ganz besonders alles Glück auf dieser Welt.